데일 카네기
인간관계론

데일 카네기
인간관계론

초판 1쇄 발행 2018년 1월 15일
초판 7쇄 발행 2024년 4월 23일

지은이 데일 카네기
편 역 이문필
펴낸이 고정호
펴낸곳 베이직북스

주소 서울시 금천구 가산디지털1로 16, SK V1 APE타워 1221호
전화 02) 2678-0455
팩스 02) 2678-0454
이메일 basicbooks1@hanmail.net
홈페이지 www.basicbooks.co.kr
블로그 blog.naver.com/basicbooks_
인스타그램 www.instagram.com/basicbooks_official

출판등록 제 2021-000087호
ISBN 979-11-85160-96-2   03320

Dale Carnegie

How to Win Friends & Influence People

데일 카네기
인간관계론

데일 카네기 지음 | 이문필 편역

베이직북스

사람의 마음을 움직이는
데일 카네기의 인간관계 처세술

미주리 주의 옥수수 밭 노동자 출신이었던 데일 카네기는 미국에서 가장 성공적인 멘토로 자리매김을 했었다. 그는 전 세계에서 《성경》 다음으로 가장 많이 팔린 베스트셀러를 집필한 작가이자 많은 사람들의 정신적 지주였다. 카네기 연구소를 통해 인간 경영과 자기 계발 분야에 기념비적인 업적을 남겼으며, 수많은 저서를 통해 인간관계에서 나타나는 심리와 대화, 스트레스를 분석하고 체계화시켜 인간관계론을 구체화시켰다.

데일 카네기의 업적은 수없이 많지만 요약을 하면 다음과 같다.

첫째, 인간의 심리에 대해 상세히 연구한 뒤 놀랄 만큼 명쾌한 인간관계론을 정립했다.

둘째, 세계 각지에서 세미나를 개최하여 성공적인 삶을 위한 지혜를 나누었다. 그의 사상은 오늘날까지도 수많은 사람들에게 영향을 미치고 있다. 아름답고 안정된 삶을 누리고 싶어 하는 모든 이들이 카네기의 강연에서 크나큰 도움을 받았다.

그리고 카네기는 《인간의 약점》, 《대화의 기술》, 《우울증을 이기고 행복하게 살아라》, 《인간의 강점》, 《당신이 모르는 링컨》 등의 저작에서 많은 이들의 고민하는 문제들에 대해 상세히 설명하고 있다. 기나긴 논문이 아닌 생동감 넘치는 실제 경험을 바탕으로 그의 지혜를 확인할 수 있다. 하지만 이 저서들을 모두 읽을 수 없는 독자들을 위해, 본서는 새로운 방식으로 카네기의 사상을 집대성했다. 카네기 저서 중 유용한 에피소드만을 선별하여 재탄생시킨 것이다. 때문에 이 책으로 카네기 사상의 핵심, 즉 사업, 인간관계, 심리분야의 유용한 조언을 얻을 수 있다.

카네기의 저서는 시대를 초월하여 영원한 베스트셀러로, 반세기가 지난 오늘날까지도 수많은 지혜와 영감을 전해준다. 당신이 시간을 내어 카네기 저서를 완독할 여유가 있다면, 본 에피소드에서 많은 도움을 얻을 수 있을 것이다. 카네기의 따스한 지혜와 진지한 충고를 통해 위안과 힘을 얻고 새로운 인생을 열어가길 기원한다. 본서가 당신의 인생에서 가장 소중한 보물지도가 되리라 확신한다.

따스한 햇살이 그리워지는 추운 겨울날에 엮은이가

차례

2장 호감을 얻는 6가지 원칙

3장　설득에 성공하는 방법

4장 상대방의 변화를 유도하는 방법

1장

How to Win Friends & Influence People

인간의
본성

1

비판은
아무런 효과가 없다

비판은 쓸데없는 짓이다. 상대방은 자기 자신을 보호하기 위해 바로 방어태세를 갖추고 자신을 정당화하려고 애쓸 것이다. 비판은 가장 위험한 습관이다. 그것은 상대방의 자존심에 상처를 입히고 상처는 반항심으로 이어지기 때문이다.

어느 살인자의 소망

1931년 5월 7일, 뉴욕에서 일명 '쌍권총 크로울리'라 불리는 전대미문의 살인범 검거작전이 벌어졌다. 오랜 추적 끝에, 경찰은 그가 웨스트엔드 가에 있는 애인의 아파트에 은둔하고 있다는 정보를 입수했던 것이다. 150여 명의 경찰들이 크로울리가 숨어있는 아파트를 물샐틈없이 포위하고, 이 흉악한 살인범을 집 밖으로 끌어내기 위해 아파트 안으로 최루가스를 쏘아 넣었다.

크로울리는 두꺼운 소파 뒤에 숨어서 미친 듯이 총질을 해댔다. 한 시간 동안에 걸친 총성으로 아수라장이 된 웨스트엔드의 고급주택가에는 어느덧 수천 명의 구경꾼들이 몰려들었다. 아마 그들은 영화가 아닌 실제상황으로 그렇게 치열한 총격전을 본 적이 없었을 것이다.

마침내 크로울리가 체포되자 당시 경찰 국장이었던 멀루니는 "크로울리는 뉴욕 역사상 가장 악질적인 흉악범으로 사형을 받게 될 것"이라고 발표했다.

그렇다면 크로울리는 자신을 어떻게 생각했을까? 다행히도 그의 생각을 들여다볼 수 있는 단서가 남아 있었다. 그 필사적인 난전 속에서도 그는 '관계자 여러분' 앞으로 편지를 썼던 것이다. 피로 물든 편지에는 이런 내용이 있었다.

'비록 지칠 대로 지쳤지만 내 가슴속에는 그 누구도 해치고 싶지 않은 따뜻한 소망이 있다.'

결국 크로울리는 전기의자에서 사형에 처해졌다. 그가 사형장에 들어설 때 무슨 말을 했을 것 같은가? 자신의 죄를 반성했을까? 아니다! 그는 "난 그저 정당방위를 했을 뿐이오."라고 소리쳤다.

쌍권총 크로울리는 마지막 순간까지도 죄책감을 갖거나 반성을 하지 않았다.

❀ 크로울리처럼 악마 같은 인간조차도 절대로 자신을 나쁘다고 생각하지 않는다. 이런 사고를 가진 범죄자는 얼마든지 있다. 하물며 우리 같은 보통 사람들이야 말할 것도 없다. 그러니 죄에 대한 체벌과 질책을 달게 받을 리도 없지 않은가. 이것이 바로 만고불변의 인간 본성이다.

어리석은 편지

젊은 시절, 나는 당대 미국 문단에서 최고의 명성을 떨치던 리처드 하딩 데이비스에게 어리석기 짝이 없는 편지를 보낸 적이 있었다. 당시 작가들에 관한 잡지기사를 준비하고 있던 나는 그에게 자신만의 작법에 대해 알려 줄 것을 부탁했다.

이때 나를 무척이나 바쁘고 중요한 인물로 보이게 하려는 욕심에 '구술했으나 다시 읽어보지는 못했음'이라는 문구를 편지 말미에 덧붙여 넣었다. 이렇게 하면 대작가 데이비스의 주목을 끌 수 있으리라 여기면서….

하지만 데이비스는 답신을 주기는커녕 오히려 내 편지를 그대로 되돌려 보냈다. 편지 말미에 이렇게 몇 글자 휘갈겨 써놓은 채 말이다. "이런 무례한 행동은 이쯤에서 그만하시게."

내 허풍스런 태도는 분명 조롱당할 만했지만, 나도 인간인지라 그에 대한 원망을 감출 수가 없었다. 이후 10년이 지난 뒤, 데이비스의 사망 소식을 듣고서도 좀처럼 마음이 풀어지지 않았다. 인정하기 부끄럽지만 난 그의 비판에 깊은 상처를 받았던 것이다.

✤ 뛰어난 외교적 수완으로 명성이 높았던 프랭클린은 그 비결이 누구에게도 나쁜 점은 얘기하지 않는 것이라고 밝혔다. 그렇다. 사람들에게 미움을 사고 싶다면 신랄한 어조로 비판만을 늘어놓으면 된다. 하지만 인생의 성공은 결코 없으리라.

비난의 대가

링컨이 일리노이 주 스프링필드에서 변호사로 활동할 무렵이었다. 그는 종종 신문 지면을 빌려 상대방을 공개적으로 비판하곤 했는데, 한 번은 도가 지나쳐 큰 말썽이 빚어진 적이 있었다.

1842년 가을, 링컨은 오만하고 호전적이었던 아일랜드계 정치가 제임스 쉴즈를 조롱하는 익명투고를 했다. 스프링필드 저널에 실린 그 사설은 쉴즈를 일개 웃음거리로 전락시켰다. 사람들은 쉴즈를 비웃었고, 예민한 성격의 쉴즈는 도저히 분노를 삭일 수가 없었다. 익명의 투고자가 링컨이라는 것을 알아낸 쉴즈는 마침내 링컨에게 죽음의 결투를 신청했다.

링컨은 결투까지 하고 싶지는 않았지만 그렇다고 사과할 마음도 없었으므로, 하는 수 없이 도전을 받아들여야 했다. 무기는 각자가 고를 수 있었기에 팔이 긴 링컨은 기병대의 장검을 선택했다. 그는 웨스트포인트 졸업생에게 검술 교습까지 받으며 결투를 준비했다. 드디어 결투의 날, 링컨과 쉴즈는 미시시피 강가에서 대면했다.

결투가 시작되려는 찰나, 다행히 입회인들의 적극적인 중재로 죽음의 결투는 중단되었다.

이 사건으로 링컨은 엄청난 충격을 받았다. 비록 다친 곳은 없었지만 인간관계에 대한 새로운 깨달음을 얻었던 것이다. 이후 그는 결코 다른 사람을 비난하거나 조롱하지 않겠다고 결심했다. 그리고 실제로 그 어떤 일이 있어도 절대 상대를 비난하는 법이 없었다.

❀ 위의 에피소드는 진검끼리의 결투라기보다는 인간 내면의 결투였다고 볼 수 있다. 혹 누군가를 비판하고 싶은 생각이 들거든 5달러짜리 지폐를 꺼내어 링컨의 초상화를 들여다보라. 그리고 만약 링컨이었다면 이 상황을 어떻게 처리했을지 물어라.

2

누구나 중요한 사람으로
보이고 싶어 한다

조지 워싱턴은 '미합중국 대통령 각하'라 불리길 원했고 콜럼버스는 '해군제독 겸 인도총독'이라는 칭호를 좋아했다. 러시아의 예카테리나 여제는 '여왕 폐하'라는 칭호가 없는 편지는 아예 읽어보지도 않았다. 어느 날, 링컨 부인은 그랜트 부인에게 매섭게 소리쳤다. "감히 허락도 없이 자리에 앉다니!" 보라, 인간은 모두 인정받고 싶어 하는 욕망이 있다.

파란 리본

어린 시절 내 아버지는 우량종 돼지와 순혈통의 흰머리 소를 정성껏 기르셨다. 우리 집 돼지와 흰머리 소는 각종 가축 품평회에서 수십 차례나 우승을 차지했다. 아버지는 대회에서 받은 파란 리본을 새하얀 천 위에 소중하게 꽂아두시고, 친구나 친척들이 방문할 때마다 그 천을 꺼내 자랑을 늘어놓으셨다.

그럴 때마다 나는 한쪽 천 귀퉁이를 잡고 얌전히 서 있어야만했다. 아버지는 이 파란 리본에 엄청난 자부심과 자신감을 갖고 계셨기 때문이었다.

❈ 인간은 '중요한 인물'이 되고자 하는 뿌리 깊은 욕망을 지니고 있다. 디킨스가 불멸의 명저를, 크리스토퍼 랜 경이 위대한 예술적 건축물을 남길 수 있었던 이유도 바로 인정받고자 하는 욕망 덕분이었다. 록펠러가 평생 다 쓰지도 못할 부를 쌓게 된 힘 역시 여기에 기인한다.

노모의 죽음

작가인 메리 로버츠 라인하트가 이런 이야기를 들려주었다. 젊고 똑똑했던 한 여인이 단지 주목받고 싶다는 욕구 때문에 병을 앓았다는 얘기였다.

"그녀는 어느 날 갑자기 쓰러졌어요. 인생이 무척이나 지루했거나 혹은 혼기를 놓쳐 우울했기 때문이겠죠. 그녀는 10년 동안이나 몸져 누워 있었어요. 때문에 연로한 노모가 매일매일 3층까지 오르내리며 병 수발을 들어야 했지요.

결국 노모는 과로로 세상을 떠나고 말았어요. 여인은 슬픔에 잠겨 몇 주 동안 괴로워하다가 어느 날 침대를 박차고 일어났어요. 병이 다 나았던 거죠."

❀ 사람들은 누구나 건강, 장수, 수면, 맛있는 음식, 돈, 미래의 행복, 만족스런 성생활, 자식들의 건강과 행복, 중요한 사람으로 인정받고자 하는 욕구 등을 소망한다. 이들 대부분은 대개 노력으로 성취할 수 있지만, 오로지 '인정받고자 하는 욕구'만은 혼자 힘으로 해낼 수가 없다.

환상 속에서

어느 정신병원 원장에게 정신이상은 왜 생기는지 물어본 적이 있었다. 그는 정신병리학 분야에서 최고로 이름난 전문가였지만 이 질문에 대해 속 시원한 대답을 내놓지는 못했다. 다만, 정신이상자들은 현실에서 얻지 못한 만족감을 환상 속에서 얻는다고 설명하며 한 부인의 이야기를 들려주었다.

"무척이나 불행한 결혼생활을 하던 여인이 있었습니다. 그녀는 남편에게 사랑받길 원했고 예쁜 자식과 사회적 명성을 얻고 싶었지만 어느 것 하나 이루지 못했습니다. 남편은 부인을 전혀 사랑하지 않았고 심지어 함께 밥을 먹는 것조차 거부할 정도였습니다. 여인은 아이를 낳지 못한 데다 사회적 지위 역시 볼품없었지요.

결국, 정신이상에 걸린 여인은 환상 속에서 남편과 이혼하고 처녀 시절의 이름을 쓰기 시작했습니다. 그러고는 자기가 영국왕실의 귀족과 재혼했으니 스미스 백작부인으로 불러달라고 고집을 부리고 있습니다. 또 그녀는 환상 속에서 아이도 갖고 있습니다. 매번 저를 볼 때마다 '선생님, 어젯밤에 제가 아기를 낳았어요.'라고 말하곤 하지요."

이 상황이 다행인지 아닌지는 쉽게 판단할 수 없지만 담당의사는 내게 이런 말을 남겼다.

"여인의 병을 치료해서 정상으로 되돌릴 수 있더라도, 전 그렇게 하지 않을 겁니다. 그녀는 지금 이대로가 훨씬 행복하니까요."

❀ 정신이상자들은 이미 스스로의 문제를 해결했기에 정상인들보다 훨씬 행복해한다. 언제든지 내키는 대로 100만 달러짜리 수표에 서명을 하

거나 유명인사에게 초청장을 돌릴 수 있으니 말이다. 이들은 환상의 세계 속에서 '인정받고 싶은 욕구'를 채워 간다.

세계의 중심

지구상의 모든 나라가 스스로 '세계의 중심'이라고 여기듯, 사람들 역시 자기 자신을 가장 중요하게 생각한다.

당신은 스스로 일본인보다 우월하다고 생각하는가? 하지만 일본인들은 자신들이 몇 배는 더 우월하다고 굳게 믿고 있을 것이다.

그렇다면 인도인보다는 나을 것이라고 생각하는가? 하지만 인도인 역시 당신과 똑같은 생각을 하고 있을 것이다.

스스로가 최소한 에스키모인보다는 우월하리라 자신할지도 모른다. 하지만 에스키모인은 어떻게 생각할까? 그들은 일하지 않는 게으름뱅이를 가리켜 '백인'이라고 부른다. 이는 에스키모 사회에서 가장 천박하고 경멸적인 욕설이다.

어느 나라든 자국이 가장 우월하다고 믿기에, 애국심

이 생기고 전쟁이 일어나는 것이다.

❧ 누구나 스스로가 가장 우월하다고 믿는다. 당신 앞에 있는 그 사람 역시 자신이 최고라고 믿고 있을 것이다. 그러니 이들을 넉넉히 품어줄 수 있는 방법은 바로 그들의 세계에서는 그들 자신이 최고로 우월하다는 것을 기쁘게 인정해주는 것이다.

3

상대방이 원하는 것에
집중하라

> 물고기를 잡을 때에는 물고기가 좋아하는 미끼를 써야 한다. 하물며
> 사람의 마음을 움직이게 하려거든 그 사람이 원하는 것이 무엇인지
> 생각해보라.

송아지가 원하는 것은

에머슨이 아들과 함께 송아지를 마구간에 집어넣으려
고 애를 쓰고 있었다. 앞에서는 끌고 뒤에서는 있는 힘을
다해 밀었지만 송아지는 꿈쩍도 하지 않았다.

이때, 이 광경을 지켜보던 하녀가 다가왔다. 그녀는 비
록 배운 것도 없고 학식도 짧았지만 송아지가 무엇을 원
하는지는 정확히 알고 있었다. 그녀는 송아지의 입 속에

손가락을 넣어 빨리면서 천천히 마구간 쪽으로 유인해 갔다.

🌼 에머슨 부자는 왜 송아지를 들이는 데 실패했을까? 바로 대다수의 사람들이 그러하듯, 자신이 원하는 것에만 집중했기 때문이다. 그렇다면 송아지는 왜 마구간으로 들어가지 않았을까? 송아지는 푸르른 초지에 있고 싶었기에 무작정 버틴 것이었다. 이처럼 양측 모두가 자신의 고집대로만 행한다면 갈등은 피할 수가 없다.

낚시할 때는 물고기가 좋아하는 미끼를 써야한다

매년 여름이 되면 나는 메인 주에서 낚시를 즐기곤 한다. 딸기와 우유를 좋아하는 나와는 달리 물고기들은 작은 곤충을 좋아한다. 그래서 낚시를 할 때에는 물고기가 좋아하는 것들을 준비한다. 난 낚싯줄에 미끼를 달아놓고 "와서 먹어라, 맛있지?"라고 물고기에게 말을 건넨다.

누군가 영국의 수상 로이드 조지에게 물었다.

"같은 시기에 전쟁을 겪었던 지도자들은 하나둘씩 역사의 무대에서 사라져갔지만 당신은 여전히 권력의 핵심에 있는 비결이 무엇인가요?"

"내가 지금껏 명예와 권력을 유지할 수 있었던 까닭은 바로 물고기를 낚을 때는 물고기가 좋아하는 미끼를 던져두었기 때문이라네."

왜 우리는 항상 자신이 원하는 것에만 관심을 기울이는가? 내게는 큰 의미가 있는 것일지라도 다른 사람들은 전혀 관심이 없을 수도 있다.

그러니 상대방의 마음을 움직이기 위해서는 '그 사람이 원하는 것을 어떻게 얻을 수 있을지'에 대해 이야기해주어야 한다.

예컨대 아이에게 담배를 피우지 말라고 소리 지르는 대신 "담배를 피우면 네가 좋아하는 농구팀에 들어갈 수가 없단다." 또는 "100미터 달리기 시합에서 지고 말 거야."라고 충고하는 편이 훨씬 낫다.

✼ 인간이 세상에 첫발을 내딛고 가장 먼저 하는 일은 바로 '스스로를 돕는 것'이다. 누구나 자기 자신에 대해서만 관심을 기울이게 마련이다. 그러니 다른 사람 앞에서 아무리 자신의 생각만을 목청껏 외쳐봤자 쇠귀에 경 읽기에 지나지 않는다.

조카들의 편지 회신

철강왕 앤드류 카네기에게는 예일대학교에 다니는 조카가 둘 있었는데, 학업과 개인생활로 바빠서인지 집으로 연락하는 횟수가 점점 뜸해졌다. 이에 형수님은 자식들에 대한 걱정으로 병이 생길 지경이었다. 이 사실을 안 카네기는 특별히 회신을 부탁하지 않아도 두 조카의 답장을 받을 수 있다고 호언장담을 했다. 그는 일상적인 안부편지를 쓰고는 편지 말미에 5달러를 보낸다는 문구를 적어 넣었다. 물론, 편지 속에 돈은 넣어두지 않았다.

곧바로 조카들에게서 답장이 왔다. 편지의 추신란에는 "돈을 받지 못했습니다. 괜찮으시다면 다시 한 번 부쳐주세요."라고 쓰여 있었다.

❋ 누군가를 설득하고 싶다면 입을 열기에 앞서 먼저 스스로 자문해보라. "어떻게 하면 상대가 이 일을 하고 싶도록 만들 수 있을까?" 그러면 무작정 문제에 부딪힐 때 낭비되는 쓸데없는 헛수고를 덜 수 있다.

대관료

나는 매 시즌마다 세미나 진행을 위해 뉴욕 어느 호텔의 홀을 약 20일 가량 임대하곤 했다. 그러던 어느 해 시즌이 막 시작될 무렵, 호텔 측에서 대관료를 3배나 인상한다는 통보를 해왔다. 당시 세미나 입장권은 다 팔린 상태였고 장소 공고도 이미 끝난 터라 장소를 변경하기에는 너무 늦은 시점이었다. 그렇다고 인상된 금액을 전부 지불하고 싶지는 않았다. 하지만 호텔 측 담당자와 상의해 봐도 결과는 달라지지 않았다. 그들은 그저 호텔 측의 주장만 되풀이할 뿐이었다. 이틀 후, 나는 총지배인을 찾아갔다.

"호텔 측의 통보를 받고 무척 놀랐습니다. 하지만 당신을 탓할 생각은 없습니다. 제가 당신이었더라도 같은 결정을 내릴 수밖에 없었을 테니까요. 호텔의 이익 극대화가 총지배인의 임무이니, 그렇게 할 수 없다면 자리에서 물러나야겠지요. 하지만 이번 인상폭은 좀 큰 것 같습니다. 괜찮으시다면 이 건에 대한 호텔 측의 이익과 손해 여부를 함께 따져 봐도 될까요?"

나는 종이 한 장을 펼쳐놓고 한가운데에 줄을 그었다. 그러고는 한 쪽에는 '이익', 다른 쪽에는 '손해'라고 적었다. 이어 '이익'이라는 단어 아래 '홀 예약 없음'이라는 구절을 적어 넣고 말을 이었다.

"홀이 비었으니 다른 대형행사나 모임을 주최하여 적잖은 수익을 올릴 수 있겠지요. 물론 저희 같은 세미나행사보다 수익이 많을 수도 있을 겁니다. 그러니 시즌 내 20일 동안이나 홀을 묶어 두는 게 수익 면에서는 그다지 효율적이지는 않겠지요.

그러면 이제 어떤 부문에서 손해가 나는지 생각해볼까요? 먼저, 제가 지불하기로 했던 대관료 수입이 없어지겠죠. 전 이렇게 대폭 인상된 대관료를 지불할 수 없으니 다른 장소를 찾아봐야 할 테고요. 하지만 이 부분은 꼭 고려해보셨으면 하는데요. 제 세미나에는 사회 지도층과 지식층 인사들이 많이 참석합니다. 그들이 이 호텔에 오는 것만으로도 호텔 홍보에 도움이 되지 않을까요? 설사 호텔 측에서 5,000달러짜리 신문광고를 낸다고 해도, 제 세미나만큼 사람을 끌어모으지는 못할 겁니다. 그러니 세미나를 계기로 호텔의 지명도를 높일 수 있다면 충분히 가치 있는 일이 아닐까요?"

나는 총지배인에게 '이익과 손해'를 적은 종이를 건네주며 말을 마쳤다.

"장단점을 잘 고려해보시고 최종 결정사항을 알려주시기 바랍니다."

이튿날, 나는 대관료를 3배가 아닌 50%만 인상하겠다는 호텔 측의 통보를 받았다.

여기서 주목하라! 난 내가 원하는 것에 대해서는 전혀 언급하지 않았다. 그저 상대방이 원하는 것과, 그것을 어떻게 얻을 수 있는지에 관해서만 이야기를 나누었다.

만약 내가 충동적으로 지배인의 사무실로 뛰어 들어가 "입장권도 이미 다 팔렸고 공지도 끝났는데 이제 와서 대관료를 3배나 인상한다니! 이거 너무하는 거 아니오! 말도 안 되오! 난 절대로 더 낼 수 없소!"라고 목청 높여 논쟁을 벌였더라면 상황은 어떻게 되었을까? 알다시피 이런 논쟁으로는 어떤 문제도 해결할 수 없다. 혹여 호텔 지배인이 스스로도 좀 지나친 처사였다고 생각한다고 해도 눈앞에서 짓밟힌 자존심 때문에라도 결코 양보해주지 않았을 것이다.

✤ 보통사람들은 대개 흥분을 가라앉히지 못한 채 곧장 사무실로 쳐들어가 "입장권도 이미 다 팔렸고 공지도 끝났는데 이제 와서 대관료를 3배나 인상하다니. 말도 안 되오! 난 절대로 더 낼 수 없소!"라고 분통을 터트렸을 것이다. 그렇다면 결과는 어떨까? 지배인은 자신의 잘못을 인정하지 않을 것이다. 설령 자신이 잘못했다고 생각하더라도 말이다.

식욕이 왕성해진 이유

세미나에 참가한 한 회원은 아이 문제로 걱정하고 있었다. 안 그래도 허약한 아이가 밥도 잘 먹지 않고 편식까지 심했기 때문이다. 게다가 이제는 아이를 어르고 달래는 데 지친 나머지 부모마저 명령조로 지시하기에 이르렀다. 예컨대 이런 식이었다.

"이걸 먹어! 그래야 건강하게 자랄 수 있어!"

하지만 아이가 부모의 말에 귀를 기울였을까? 당연히 아니다. 그 누구라도 자기가 관심 없는 이야기 따위는 한 귀로 듣고 한 귀로 흘리게 되어 있다. 더구나 세 살배기 아이가 어떻게 서른 살 아버지의 심정을 이해할 수 있겠는가? 결국 아버지도 자신의 방법이 헛된 노력이라는 것을 알아차렸다.

"아이가 원하는 것이 무엇일까? 어떻게 해야 내 바람과 아이의 소망을 일치시킬 수 있을까?"

생각을 바꾸자 문제는 의외로 간단하게 해결되었다. 아이는 집 앞 도로에서 세 발 자전거 타기를 무척 좋아했는데 근처에 사는 개구쟁이 소년이 아이의 자전거를 빼앗아 장난을 치기 일쑤였다. 아이는 울면서 엄마에게 일러 바쳤고, 엄마는 매번 개구쟁이에게서 자전거를 뺏어와야 했다.

생각이 여기에 미치자 아이가 원하는 것이 무엇일지 알 수 있었다. 자존심에 상처를 입은 아이는 자신을 괴롭혀온 개구쟁이에게 본때를 보여주고 싶을 것이었다. 아버지는 이렇게 말했다.

"밥을 잘 먹으면 금방 쑥쑥 클 거야. 그러면 너보다 덩치 크고 힘센 아이들도 이길 수 있단다."

그 말을 듣자 아이는 왕성한 식욕을 보이며 편식습관을 고치고 시금치, 배추, 생선조림 등 무엇이든 가리지 않고 잘 먹게 되었다.

❀ 사람의 심리 활동은 물리적인 분자활동보다 덜 복잡하지만 이를 이해하기 위해서는 더 많은 노력을 기울여야 한다. 위의 이야기에서 아이는 스스로의 자존심을 지키고 '중요한 사람'이라는 인정을 받길 원했다. 따라서 그 욕구를 충족시켜주는 것이야말로 무엇보다 값진 보상이 되는 셈이다.

오줌싸개 길들이기

쟈니는 할머니와 함께 잠을 잤다. 그리고 아침마다 할머니는 흠뻑 젖은 침대를 가리키며 손자를 나무랐다.

"봐라, 쟈니. 또 오줌을 쌌구나."

그러면 쟈니는 도리도리 고개를 내저으며 말했다.

"아니에요. 저 아니에요. 할머니가 싼 거잖아요."

엄마가 아무리 혼내고 달래고 잔소리를 해도 언제나 이런 식이었다. 결국 부모는 어떻게 해야 쟈니의 버릇을 고칠 수 있을지를 고민하기 시작했다.

쟈니는 아빠가 입는 것 같은 잠옷을 입고 싶어 했고 자기만의 침대를 갖고 싶어 했다. 그래서 할머니는 쟈니가 밤마다 사고만 치지 않는다면 잠옷을 사주겠노라고 약속했다. 그리고 엄마는 쟈니를 데리고 쇼핑센터에 갔다.

어머니는 침대 매장 아가씨에게 찡긋 눈치를 주며 입을 열었다.

"우리 꼬마 신사가 뭘 사고 싶다네요."

그러자 아가씨는 한껏 분위기를 맞춰주며 쟈니에게 말을 건넸다.

"꼬마 손님, 무엇이 필요하세요?"

으쓱해진 쟈니는 어른스러워 보이려고 애를 쓰며 대답했다.

"제 침대를 사러 왔어요."

엄마는 자신이 미리 봐둔 침대에 쟈니가 관심을 보이자 다시 아가씨에게 눈짓을 보냈고, 아가씨는 그 침대에 대해 상세히 설명을 해주었다. 결국 쟈니는 그 침대를 사기로 결정했다.

침대가 배달된 날 저녁, 쟈니는 아버지가 집으로 들어오기가 무섭게 "아빠, 아빠! 빨리 와서 보세요. 내가 산 침대예요!"라고 소리쳐댔다.

아버지는 아이에게 아낌없는 찬사를 보내주었다. 그리고 한마디 덧붙였다.

"쟈니, 이 침대에는 오줌을 싸지 않겠지?"

"그럼요. 절대로요. 아빠!"

그리고 쟈니는 그 약속을 지켰다. 오랫동안 갖고 싶었던 자기만의 침대였기 때문이다. 이제 쟈니는 아버지처럼 잠옷을 입고 자기만의 침대에서 잠을 잔다.

❀ 사람은 누구나 자신을 드러내고 싶어 한다. 그러나 좋은 아이디어가 떠올랐을 때는 마치 상대방이 생각해낸 것처럼 교묘히 유도하라. 물론 상대가 눈치채지 못하게 해야 한다. 그것이 자신의 아이디어라고 믿는 상대가 당신의 든든한 지원군이 될 테니 말이다.

2장

How to Win Friends & Influence People

호감을 얻는
6가지 원칙

1

진심 어린 관심과
애정을 보여라

상대에게 진심으로 관심을 기울이는 사람은 그저 사랑을 갈구하는
이보다 친구를 훨씬 많이 얻을 수 있다.

진정한 친구

내가 다섯 살 때 아버지는 노란빛이 감도는 강아지 '티
피'를 사주셨다. 티피는 당시 내 삶의 벅찬 기쁨이자 희
망이었다. 매일 오후 4시 반이면 티피는 앞마당에 나와
초롱초롱한 눈을 반짝이며 골목길을 주시했다. 그리고
내 발자국 소리가 들리거나 도시락 통을 들고 오는 내 모
습이 보일 때면 쏜살같이 달려와 날 반겨주었다.

하지만 티피와의 우정은 5년 만에 막을 내리게 되었다. 내 옆에서 놀고 있던 티피가 벼락에 맞아 죽고 말았던 것이다. 티피의 죽음은 어린 시절에 가장 비극적인 사건이었다. 내게 순수한 관심을 기울여주었던 티피는 진실로 마음을 열어 보였던 진정한 친구였기 때문이었다.

❀ 많은 이들은 강아지를 마치 가족처럼 끔찍이 생각한다. 대체 왜일까? 인간에게 관심을 갖고 가장 친밀하게 구는 애완동물이 바로 강아지이기 때문이다. 자, 여기서 우리는 어떤 교훈을 얻을 수 있을까?

최고가 된 비결

최고의 마술사 하워드 서스톤은 약 40여 년간 세계 각지를 다니며 수많은 관객들을 매혹시켰고, 약 6천만 명 이상의 관객이 그의 쇼를 관람했으며 그간의 수익만도 200만 달러에 달했다.

인생의 성공비결을 묻는 내게 서스톤은 이렇게 대답했다.

"학교 교육과는 상관없는 것 같네. 난 일찌감치 집을 나와 떠돌이 생활을 했거든. 잔디밭에서 밤을 지새우고 길가에서 밥을 얻어먹기도 했지. 그리고 철로에 있는 표지판을 보고 글자를 배웠다네."

"그렇다면 어떻게 그리 탁월한 마술을 익힐 수 있었나요?"

"사실, 요즘에는 마술에 대한 책만도 수백 권이나 되네. 그래서 나만큼이나 마술을 잘하는 사람도 많을 거야. 허나 난 나만의 개성 있는 공연을 펼친다네. 공연에서 보여주는 동작 하나하나, 자세 그리고 말투까지 모두 치밀하게 짜인 각본대로 연습하지."

그러나 그보다 더 중요한 것은 서스톤이 관객들에게 품고 있는 깊은 애정이었다. 사실 많은 마술사들이 관객들을 바라보며 '쯧, 아둔한 자들 같으니. 오늘도 한번 제대로 속여 봐야지.'라고 생각하곤 한다. 하지만 서스톤은 매번 무대에 오를 때마다 스스로에게 '이렇게 멋지고 감사한 관객들에게 최고의 공연을 선사해야지. 덕분에 내가 이 삶을 즐길 수 있지 않은가!'라고 되뇐다고 했다.

그는 관중 앞에 나서기 전에 몇 번이고 "나는 관객들을 사랑한다, 나는 관객들을…."라고 중얼거렸다. 이것이 바로 서스톤이 최고의 마술사가 된 성공비결이었다.

❀ 상대의 관심을 원하기만 하는 자는 결코 많은 친구를 사귈 수 없다. 이렇게 생각해보자. "나조차도 나 자신밖에 관심을 갖지 않는데 다른 사람이라고 다를 리 없지 않은가?"

존경받는 대통령

루즈벨트 대통령 재임 당시 백악관의 흑인 시종이었던 아모스는 《시어도어 루즈벨트 – 시종들의 영웅》에서 다음과 같은 감동적인 일화를 소개했다.

한번은 내 아내가 대통령께 "메추라기는 어떻게 생겼나요?"라고 여쭌 적이 있었다. 그러자 대통령께서는 메추라기를 한 번도 본 적이 없는 아내를 위해 무척 상세하게 설명해주셨다. 잠시 후, 우리 집으로 전화가 걸려왔다. 나와 아내는 루즈벨트 대통령 관저 내의 작은 오두막에서 살고 있었는데 대통령께서는 "지금 메추라기가 그리로 날아갔으니 창문 밖을 내다보게."라며 손수 아내에게 전화를 주신 거였다.

대통령께서는 아무리 사소한 일에라도 진심 어린 관심을 기울여주시는 분이셨다. 언제든 우리 집 앞을 지나

가실 때면, 심지어 우리 모습이 보이지 않아도 다정한 목소리로 "여어, 애니! 아모스!"라고 불러주시곤 했다. 이런 주인을 어찌 좋아하지 않을 수 있겠는가?

하루는 퇴임한 루즈벨트가 태프트 대통령을 만나기 위해 백악관을 방문했다. 그런데 때마침 태프트 대통령 내외가 자리를 비운 터라 헛걸음을 한 셈이었다. 그러나 루즈벨트는 예전에 알고 지내던 하인들 모두에게 이름을 불러가며 친절히 인사를 건넸다. 당시 백악관에서 일했던 아치 버트는 이렇게 적고 있다. 전 대통령께서 부엌에서 일하던 앨리스를 보시곤 "여전히 옥수수빵을 만드는가?"라고 물으셨다. "빵을 만들긴 하지만 그건 저희 하인들끼리만 먹습니다. 윗분들은 드시지 않으세요." 그러자 루즈벨트는 큰 소리로 "음식 맛을 모르는 사람들이군. 내가 대통령을 만나면 한마디 해야겠네."라고 말씀하셨다. 이어 앨리스가 전 대통령께 옥수수빵을 갖다 드리자 그는 빵을 먹으면서 사무실로 걸어갔다. 그리고 가는 길에 마주치는 정원사, 일꾼들 모두에게 인사를 건네셨다.

그분께서는 예전 대통령 시절에 그러했듯 모두에게 친절한 미소를 보내셨다. 이에 늙은 하인들은 눈물을 머금고 말했다.

"최근 들어 이렇게 행복했던 날이 없었어. 천만금을 준다 해도 오늘과는 바꿀 수 없어."

✿ 개인의 능력과 직업은 각기 다를 수밖에 없다. 이로 인해 사회 내의 지위고하가 정해지는데, 지위가 높은 사람일수록 아랫사람을 잘 돌보아야 한다. 그리하면 더없이 큰 존경과 충성심을 얻게 될 것이다.

생일 목록

최근 몇 년간, 나는 친구들의 생일을 알아내는 데 노력을 기울였다. 솔직히 난 별자리 이론에 대해 전혀 아는 바가 없다. 하지만 친구들을 만날 때마다 "별자리가 성격을 결정한다는 이론을 믿는가?"라고 운을 떼어 그의 생일을 알아내곤 했다. 예를 들어, 친구가 11월 24일이라고 말해주면 재빨리 그 날짜를 기록해두고 집에 돌아와서 '생일 목록'에 옮겨 적는 것이다.

이후 매년 초가 되면 달력에 친구들의 생일을 표시해두고 그때마다 축하엽서나 카드를 보낸다. 가끔은 친구의 생일을 기억해주는 사람이 나 하나밖에 없었던 적도 있었다.

❀ 누구나 자기 생일에 대해서는 애착을 가지기 마련이다. 나이가 들면서 스트레스, 바쁜 스케줄 등으로 인해 생일을 챙기지 못하는 경우가 있지만, 마음속으로는 결코 잊어버리지 않는다. 그러니 이런 날에 생각지도 못했던 축하를 전해준다면 그야말로 감동이 배가 되지 않겠는가?

우표로 인해 얻은 성공

뉴욕의 일류 은행에서 근무하는 찰스 월터스는 한 기업의 현황보고서를 작성하라는 지시를 받고 정보를 얻기 위해 직접 그 기업의 사장을 방문했다.

그가 막 사장실로 들어가는데 젊은 여비서가 사장에게 "오늘은 갖다드릴 우표가 없습니다."라고 보고하는 소리가 들렸다. 사장은 조용히 고개를 끄덕이며 월터스에게 말을 건넸다. "열두 살짜리 아들 녀석이 우표를 수집하는 중이거든요."

이윽고 월터스는 찾아온 용건을 설명하고 몇 가지 질문을 던졌다. 하지만 사장은 그저 애매모호하게 에둘러 말할 뿐 자세히 설명해주지 않았다. 월터스가 아무리 애를 써도 더 이상의 정보는 얻을 수 없을 듯했다. 면담은 아무런 소득 없이 짧게 끝났다.

"솔직히, 어찌해야 할지 막막하더군요. 그런데 그 순간 열두 살짜리 아들과 우표 이야기가 생각났어요. 제가 근무하던 은행의 외환부서에는 전 세계 희귀우표들이 많이 있었거든요. 다음날 오후, 저는 우표 몇 장을 챙겨들고 다시 사장을 찾아갔습니다. 사장의 반응이 어땠을지 상상이 가나요? 그는 함박웃음을 머금고 내 손을 부여잡더니 무척이나 반가워하더군요. 그리고 우표들을 찬찬히 살펴보다가 '우리 조지가 정말 좋아하겠군요. 음, 이건 정말! 최고네요!'라고 하더군요. 우리는 30분 동안이나 우표에 대한 얘기를 나눴고 사장은 아들 사진까지 보여주며 기쁨을 감추지 못했습니다. 얼마 후, 사장은 제가 필요했던 상세정보를 모두 알려주더군요. 특별히 요청하지도 않았는데 말입니다. 게다가 이것으로는 성에 차지 않았던지 회사 직원을 불러 더 자세하게 물어보고 친구에게 전화를 걸기도 했습니다. 그는 필요한 모든 항목의 보고서, 서신, 데이터 등을 가득 안겨주었습니다. 그야말로 엄청난 소득이었죠."

❖ 사람은 감정의 동물이다. 누구에게도 이용당하고 싶지 않은 것은 당연하다. 그러니 이 점을 잘 이용한다면, 부탁하는 입장에서도 상대의 만족과 감사를 이끌어 낼 수 있다.

2시간의 성과물

연료공장 세일즈맨이었던 크나플은 어느 대형 체인점의 연료공급권을 따기 위해 수년 동안 온갖 노력을 기울였다. 하지만 그 기업은 교외의 다른 연료공장에서만 연료를 구입했다. 게다가 타사의 연료 트럭은 매번 크나플의 사무실 앞 도로를 지나가는 것이 아닌가! 화가 머리끝까지 치솟은 그는 "그놈의 기업, 아무짝에도 쓸모없는 주제에!"라고 악담을 퍼붓곤 했지만 내심 답답하기 그지없었다. 대체 왜 우리 공장의 연료는 사지 않는 거지?

나는 크나플에게 색다른 방법을 제시했다. '체인형 기업의 발전이 국가에 미치는 영향'이라는 주제로 토론회를 열고 크나플은 체인형 기업을 옹호하는 입장에 서서 토론을 하기로 한 것이었다.

며칠 후, 그는 해당 체인형 기업의 담당자를 찾아갔다.

"오늘은 연료를 팔러 온 것이 아닙니다. 다른 일로 상의드릴 일이 있어서요."

크나플은 먼저 토론회에 대한 이야기를 하고 이렇게 물었다.

"선생님만큼 제 주장에 힘을 실어줄 분이 없어서요. 토론회에서 이기고 싶은데, 괜찮으시다면 관련 자료를 좀 빌려주실 수 있을까요?"

후일에 크나플은 이후의 상황에 대해 이렇게 묘사했다.

"전 1분 정도만 면담하기로 하고 담당자를 만났습니다. 그런데 제 말을 들은 그가 갑자기 앉으라고 하더군요. 그리고 우린 1시간 47분이나 이야기를 나눴습니다. 그는 체인업계에 대해 책을 쓴 다른 전문가에게 전화를 걸어주었고, 심지어는 전국 체인업 협회에 서신을 띄워 관련 자료를 열람할 수 있도록 해주었습니다. 체인기업이 진정 사회에 기여하고 있다고 믿으며 자신의 일에 대해 엄청난 자부심을 갖고 있더군요. 이야기를 나눌 때, 그 사람의 두 눈은 반짝반짝 빛이 날 정도였습니다. 전 마치 새로운 세상을 본 것처럼 그의 이야기 속으로 빨려

들어갔습니다. 지금껏 알지 못했던 것들을 이해하게 되면서 체인기업에 대한 고정관념도 바뀌게 되었지요.

모든 이야기를 마치고 자리를 뜰 때, 그는 나를 문밖까지 배웅해주며 토론회에서 반드시 승리하길 바란다고 격려해주었습니다. 그리고 토론회가 어떻게 되었는지 그 결과도 꼭 알려달라고 하더군요. '봄 즈음에 한 번 찾아오세요. 연료 계약에 대해 상의해봅시다.'라는 말과 함께요.

이건 마치 기적과도 같은 일이었습니다. 연료에 대해서는 입도 뻥긋하지 않았는데 그가 자진해서 연료를 구매하겠다고 한 겁니다. 단지 그가 관심을 가진 분야에 대해 흥미를 보인 것뿐이었는데… 단 두 시간 만에, 지난 10년 동안에도 이루지 못한 성과를 얻어낸 것이지요. 예전에는 저 자신과 연료에만 온통 관심을 쏟았다면, 이젠 그와 그의 문제에 대해 귀를 열어놓았기 때문이겠지요."

❀ 자신에게서 타인을 향해 시선을 돌리는 것만으로도 새로운 세상이 펼쳐질 수 있다. 큰 힘 들이지 않고도 단시간에 엄청난 이득을 얻을 수 있음은 물론이다.

반가운 인사

존슨앤존슨사의 영업사원이었던 에드워드 사익스는 겉보기에 별로 보잘것없는 사람도 결정적인 순간에는 엄청난 힘이 될 수 있다는 사실을 경험했다.

"몇 년 전, 메사추세츠 주에 있는 한 거래처를 담당하고 있었습니다. 매번 거래처를 방문할 때면 먼저 직원들과 안부를 주고받았고, 그런 다음에 담당자와 미팅을 했지요. 그러던 어느 날, 거래처 담당자가 이제는 존슨앤존슨 제품은 구매하지 않겠다고 하는 것이 아닙니까? 존슨앤존슨사가 식료품점과 할인매장에만 지나치게 신경을 쓰고 있어서 자기들 같은 소매업자는 손해 보는 기분이라면서요. 전 하는 수 없이 거래처에서 나와 몇 시간이나 거리를 배회했지요. 결국, 최소한 내 입장은 설명해야겠다는 생각에 거래처로 다시 돌아갔습니다.

전 평소처럼 직원들에게 인사하고 담당자를 찾아갔지요. 그런데 그가 미소 지으며 저를 반기는 것이 아니겠습니까? 게다가 평상시보다 두 배나 많은 주문을 하더군요. 전 너무나 놀라서 '혹시 무슨 일이라도 있었습니까?'

라고 물었지요. 그러자 담당자는 직원 한 명을 가리키며 말했습니다. '저 젊은이가 그러더군요. 상점에 들어오면서 자기들에게 인사를 하는 영업사원은 사익스 씨밖에 없다고요. 거래를 할 거라면 사익스 씨 같은 분과 해야 한다더군요. 저도 그 말에 공감했습니다. 그러니 이제 계속해서 거래를 하기로 하죠.'"

❧ 진정으로 성숙한 사람은 위대한 인물 혹은 자신의 이익과 관련된 사람에게만 흥미를 보이는 건 아니다. 오히려 자기 주변에 있는 평범한 사람들에게 이를테면, 아침 조깅 중에 만난 동네 주민 또는 식당에서 합석하게 된 낯선 사람 등에게 반가운 인사를 건넬 수 있는 여유를 가진 사람이다.

고마운 편지

뉴욕 노스 아메리카 내셔널 뱅크의 사보에는 그 은행의 예금주인 메들린 로즈데일의 편지가 실려 있었다.

"귀사의 직원들에게 감사의 마음을 전하고 싶어 편지를 띄웁니다. 모든 분들이 매우 정중하고 열정적이시더군요. 오래도록 줄을 서 있다가도, 친절하게 맞아주는 창구 직원을 대할 때면 기분이 좋아지곤 합니다. 특히, 작년에 저희 어머니께서 5개월간 입원하신 적이 있는데 마리 페트루첼로 양은 저희 어머니의 안부까지 물어봐 주시더군요."

로즈데일 부인이 이 은행과 계속해서 거래를 하리라는 사실은 두말할 필요가 없지 않은가!

❈ 진정으로 친구를 사귀고 싶다면 온 마음을 다해 상대를 반겨라. 비록 아무런 도움이 되지 못하더라도 진실한 감사의 인사를 받게 되리니. 좋은 친구를 사귄다는 건 무척이나 기쁜 일이 아닌가?

추수감사절의 만찬

뉴욕 주 롱아일랜드에서 우리 세미나에 참석했던 마틴 긴즈버그는 자기 인생에 깊은 영향을 끼쳤던 간호사에 대해 이야기해주었다.

"그날은 추수감사절이었어요. 겨우 열 살이었던 저는 시립병원에서 다음날 있을 수술을 기다리고 있었지요. 아버지는 이미 돌아가신 뒤였고, 어머니는 하필 그날 병원에 오지 못하셨어요. 너무 외롭고 두려웠던 저는 침대에 머리를 묻고 숨죽여 울기 시작했습니다. 저희 모자는 사회복지 기금으로 근근이 살아가던 터라 추수감사절 만찬을 준비할 돈도 없었고 혼자 처량하게 집에 있을 어머니도 너무 가여워 눈물이 났어요. 전신이 부들부들 떨릴 만큼 서럽게 울던 제게 한 간호사가 다가오더군요. 그녀는 베개를 걷어내고 제 눈물을 닦아주었습니다.

'가족들이 없으니 외롭지? 나랑 같이 저녁 먹을래?'

전 고개를 끄덕였지요. 곧 칠면조 요리, 구운 감자, 크랜베리 소스와 디저트 아이스크림을 한가득 들고 온 간호사는 재미있는 이야기를 들려주며 제 두려움을 없애주었습니다. 원래 4시에 퇴근할 예정이었음에도 11시까지 곁에 있어주었고요. 그전까지 제게 추수감사절은 무척이나 슬프고 외로운 날이었습니다. 하지만 그날 이후로 그런 생각은 아예 없어졌지요. 그 간호사 분의 따뜻한 배려 덕분입니다."

❀ 인간은 누구나 고독하며 타인의 관심과 애정을 받고 싶어 한다. 사랑이란! 베풀면서 기쁨을 느낄 뿐 아니라 상대에게도 진심어린 감동을 전해준다.

2

미소 띤 얼굴로
다가서라

한 세일즈맨은 고객을 방문하기 전에 자신에게 가장 행복했던 기억을 떠올리며 함박웃음을 짓곤 한다. 그리고 미소가 잔잔해질 무렵, 고객의 문을 두드린다. 그는 "만면에 미소를 머금은 얼굴"이 가장 큰 호감을 불러온다고 믿고 있었다.

미소의 힘

최근 뉴욕에서 열린 어느 파티에 참석했는데 초대 손님들 가운데는 막대한 유산을 갓 상속받은 부인도 있었다. 그녀는 사람들의 주목을 끌기 위해 값비싼 모피와 다이아몬드, 진주로 치장하고 있었다. 하지만 부인의 얼굴에서 드러나는 천박한 이기심은 무엇으로도 숨길 수가 없었다. 그녀는 아무래도 신사는 출중한 외모나 화려한 장신구가 아닌 고상한 품위와 우아한 미소에 매혹당한 다는 사실을 모르는 듯했다.

일전에 슈왑은 "내 미소는 100만 달러짜리네."라고 말했다. 슈왑은 그만의 인간적인 매력과 유연한 처세술로 오늘날의 성공을 일궈냈다. 그리고 그 매력의 하이라이트야말로 바로 부드럽고 온화한 미소가 아닌가. 그가 말하고자 한 것이 바로 이 미소의 힘이리라.

❀ 매력적인 이는 다른 사람의 눈길을 끄는 무언가가 있다. 그 가운데 가장 돋보이는 것이 바로 사람의 마음을 움직이는 미소다. 아름다운 미소는 부자라도 결코 돈을 주고 살 수 없는 귀중한 보물이다.

삶을 바꿔준 미소

얼마 전, 나는 비즈니스맨들을 위한 조찬 세미나에서 한 가지 제안을 했다.

"만나는 이들에게 적극적으로 미소를 지어보세요. 딱 일주일만 해보는 겁니다. 그리고 그 결과에 대해 알려주세요."

자, 이제 뉴욕 증권거래소에서 일했던 스타인하트 씨의 편지를 공개하겠다. 하지만 그의 경험이 전혀 특별할 것 없는 매우 일반적인 성취임을 기억하기 바란다.

"전 결혼한 지 18년이 되었습니다. 그동안에는 아침에 출근준비를 하면서 거의 웃어본 적이 없었어요. 귀찮아서 아내에게 말도 걸지 않았지요. 하지만 선생님께서 일주일간의 미소 짓기를 제안하셨을 때, 한번 해보기로 마음을 먹었습니다. 다음날 아침, 전 거울 속에 비친 무뚝뚝한 제 얼굴을 보고 '빌, 오늘은 얼굴을 좀 펴라고. 이제부턴 만나는 사람 모두에게 웃어주는 거야.'라고 다짐했지요. 제일 먼저 아내에게 다정한 아침인사를 건넸습니다. '좋은 아침이야, 여보!'

선생님께서 아내가 무척 놀랄 거라고 말씀하셨죠? 하지만 제 아내는 그 이상으로 충격을 받은 것 같았습니다. 매우 당황해하며 어찌해야 할 바를 모르더군요. 하지만 그와 동시에 무척이나 기뻐하는 것이 느껴졌습니다. 그 후로 두 달 동안, 전 매일 아침 아내에게 인사를 건넸습니다. 이제 저희 가정은 그 어느 때보다 사랑으로 충만하게 되었습니다.

전 회사에 출근할 때 엘리베이터 승무원과 수위 아저씨에게도 미소를 지으면서 아침인사를 건넸습니다. 무미건조하기 이를 데 없는 거래처 사람들에게도 미소를 지어보았죠. 그러니 그들도 미소로 답해 주더군요. 전 모두들 진심 어린 미소에 목말라 있다는 것을 깨달았습니다.

불만에 가득 차 투덜대는 사람들조차도 정성껏 그들의 이야기를 들어주다보면 어느 순간 골치 아픈 일이 다 해결되는 경우도 있었습니다. 미소를 짓기 시작하면서 돈도 더 많이 벌어들였습니다.

전 지금 다른 중개인과 사무실을 같이 쓰고 있습니다. 그런데 어느 날부터인가 사무실 직원 중 한명이 제게 호감을 표하더군요. 그래서 전 그 청년에게 최근에 배운 처세술에 대해 이야기해주었습니다. 그는 절 맨 처음 봤을 때 성격도 괴팍하고 꽉 막힌 사람인 줄 알았다더군요. 그런데 최근에 그 생각이 완전히 바뀌었답니다. 제가 웃을 때는 인간미가 넘친다나요!

전 질책하고 비난하던 습관 대신 칭찬하고 격려하는 습관을 기르기로 했습니다. 더 이상 '이걸 가져와, 이렇게 해야 돼.'라며 제 의견만 고집하는 대신, 상대방의 입장에서 생각하려고 애를 씁니다. 이제 제 생활은 완전히 바뀌었습니다. 전보다 훨씬 행복하고 부유한 삶을 누리게 된 것이죠."

이 편지의 주인이 뉴욕 증권거래소에서 근무하는 유능한 증권거래인이라는 사실을 잊지 마라. 주식 중개업은 100명 중 99명이 실패하는 어려운 직업에 속한다.

✤ 천진난만한 아기에게 미소 짓기는 쉽지만, 무표정한 얼굴의 철학박사에게는 접근하기조차 힘이 든다. 생활 속에서 풍부한 표정을 짓는 연습을 하라. 미소는 당신의 삶을 완전히 새롭게 해줄 것이다.

유쾌한 미소의 변화

멕시코의 마리아 곤잘레스는 주변에 무엇이든 함께 나눌 동료가 없어 외롭고 우울한 날들을 보내고 있었다.

그녀는 다른 동료들이 함께 웃고 떠드는 모습을 보며 무척 부러워했다. 하지만 수줍음이 많았던 마리아는 회사 복도에서 다른 직원들을 마주치기만 해도 고개를 돌려버리곤 했다.

이렇게 몇 주를 흘려보낸 뒤, 마리아는 이제 스스로 변해야겠다고 결심했다. '마리아, 다른 사람이 먼저 와서 인사를 해줄 거라고 기대하지 마. 네가 먼저 다가서는 거야!'

그 후부터 마리아는 복도에서 마주치는 사람들에게 '안녕하세요!'라는 말과 함께 미소를 지어보였다. 결과는 훌륭했다. 동료들과의 관계가 훨씬 넓어진 것은 물론 담당업무 역시 탁월하게 진척되었다. 무엇보다 그녀 스스로가 유쾌하고 즐거운 삶을 누리게 되었으니 이보다 더좋은 일이 있겠는가!

⚜ **친구를 사귀기 싫은 것이 아니라 단지 부끄러움 때문에 한 발 물러서 있는 경우가 많다. 용감해져라! 대범한 당신이 먼저 다가선다면 그들 역시 움츠린 어깨를 펴고 반갑게 맞아줄 것이다.**

마음을 움직인 미소를 머금은 목소리

목소리의 힘이 얼마나 큰지 알고 있는가? 얼마 전, 오하이오주 신시내티에서 한 소규모 컴퓨터회사를 운영하는 사장이 이런 이야기를 들려주었다.

"당시 우리 회사에서는 컴퓨터공학 박사 인력을 채용

하려고 무척이나 애를 쓰고 있었습니다. 드디어 회사 조건과 딱 맞아 떨어지는 인재를 발견했지요. 그런데 몇 차례 전화인터뷰를 하면서, 우리보다 훨씬 크고 유명한 대기업 몇 군데서 그 친구에게 입사 제의를 해왔음을 알게 되었습니다. 때문에 그가 최종적으로 우리 회사를 선택했을 때 무척 기쁜 한편 조금 의아하더군요. 전 왜 더 좋은 기회를 버리고 우리 회사를 선택했는지 물어봤지요.

'그 대기업 인사담당자들과 통화할 때는 무척 사무적이고 냉랭한 분위기였습니다. 제 자신이 마치 상품처럼 거래되는 듯한 느낌이었죠. 하지만 사장님께서는 진심으로 저와 함께 일하고 싶으신 것 같았습니다. 전화 음성만으로도 흐뭇하게 미소 짓는 모습을 떠올릴 수 있었으니까요.' 그제야 전 깨달았습니다. 미소를 머금은 목소리 하나만으로 그 친구의 마음을 움직였다는 것을요."

❀ 전화기 옆에 거울을 놓아두어라. 그리고 통화를 할 때 미소를 짓고 있는지, 한번 확인해보아라. 절대로 미소의 힘을 과소평가하지 마라. 상대는 당신의 목소리나 어조만으로도 모든 것을 느낄 수 있다.

3

이름을
기억하라

누군가 전화를 해서 잡아먹을 것처럼 살기등등하게 고함을 친다고
생각해보라. 단지 그의 이름을 틀리게 기재했다는 이유로 말이다.

이름을 기억하는 습관

1898년 어느 겨울, 이제 열 살이 된 짐은 갑작스런 아
버지의 죽음으로 가족의 생계를 꾸리기 위해 벽돌공장
에서 일하게 됐다. 그는 모래를 부어 벽돌을 찍어낸 뒤
햇볕에 말리는 작업을 했다. 짐은 학교 교육도 제대로 받
지 못했지만 아일랜드인 특유의 쾌활함을 지닌 유쾌한
아이였다. 후일에 정계에 입문한 그는 여전히 누구에게

나 친절했으며 특히 상대의 이름을 잊는 법이 없었다.

짐은 고등학교도 못 다녔지만 마흔여섯 살이 되기도 전에 4개 대학에서 명예 학위를 받았고 민주당 전국위원회 의장과 미국 체신부 장관을 지냈다. 언젠가 나는 짐 팔리를 인터뷰하면서 그의 성공비결에 대해 물어보았다. 그의 대답은 간단했다.

"열심히 일하는 거라네."

"농담이시죠?"

"그럼 뭐라고 생각하시오?"

"1만 명의 이름을 외우고 계신다고 들었습니다만…."

"아니오, 틀렸소. 5만 명이오."

짐은 이런 특출한 능력으로 프랭클린 루즈벨트를 대통령으로 당선시키는 데 지대한 공헌을 했다. 그는 젊은 시절에 세일즈맨 또는 서기로 일할 때부터 사람들의 이름을 기억하는 습관을 들였다.

방법은 무척 간단했다. 새로운 사람을 만날 때마다 상대방의 이름, 직업, 가족, 정치성향 등을 꼼꼼히 마음속에 새겨두는 것이었다. 그리고 후일에 다시 만났을 때에 그의 가족들이 어찌 지내는지 심지어는 화초들이 잘 크는지에 대해서까지 허심탄회하게 이야기를 나누곤 했다.

대통령 경선이 시작되기 수개월 전부터 짐은 미국 서부 및 서북부의 지인들에게 매일 수백 통의 편지를 보냈다. 그리고 단 19일 동안 미국의 20여 개 주를 돌며 장장 1만 9천 킬로미터에 달하는 거리를 여행했다. 그는 기차, 마차, 자동차, 배 등을 타고 미국 전역을 순회했고 각지의 마을에 들러 주민들과 격의 없는 대화를 나누었다.

여정을 마치고 집으로 돌아온 후, 짐은 각지의 친구들에게 자신이 만났던 사람들의 명단을 보내달라고 부탁했다. 곧 수만 명의 명단을 전해 받은 그는 한 사람 한 사람에게 애정 어린 친필서신을 띄웠다. '존경하는 톰에게' 또는 '친애하는 제인에게'라는 인사와 함께 말이다.

❀ 사람들은 위인이나 대통령의 이름보다 자신의 이름에 더 많은 관심을 기울인다. 만약 상대방의 이름을 기억해두었다가 자연스럽게 불러준다면, 그에게는 더할 나위 없는 기쁨으로 다가오리라. 반면에 혹시라도 상대의 이름을 잘못 기억하거나 잊어버렸을 때에는 난처한 상황에 맞닥뜨릴 뿐 아니라 엄청난 손해를 볼 수도 있다.

이름의 힘

어린 시절부터 사람과 조직을 다루는 데 천부적인 재능을 보인 앤드류 카네기는 이 덕분에 엄청난 부를 쌓게 되었다. 열 살 무렵, 카네기는 사람들이 자신의 이름에 대해 엄청난 애착을 지니고 있음을 깨닫고 이를 생활 속에서 활용했다.

어느 날, 어린 카네기는 어미 토끼 한 마리를 얻게 되었다. 토끼는 곧 한 무리의 새끼 토끼를 낳았는데 안타깝게도 그 많은 토끼들을 먹일 먹이가 없었다. 그는 곧 한 가지 방법을 떠올렸다. 동네 아이들에게 토끼 먹이를 구해오면 그 아이들의 이름을 붙여주겠다고 약속한 것이었다.

이 방법은 기대 이상으로 좋은 효과를 거두었고 이후 카네기는 이때의 교훈을 잊지 않았고 수년 후에는 이 방법을 응용하여 사업상 엄청난 성공을 거두었다.

펜실베이니아 철도회사에 강철 레일을 납품할 때의 일이다. 당시 이 철도회사의 사장 이름이 에드가 톰슨이었는데 카네기는 곧 피츠버그에 거대한 강철공장을 세운 뒤 '톰슨 강철공장'이라는 이름을 붙였다.

생각해보라, 펜실베이니아 철도회사의 톰슨은 어느 회사에서 강철을 구입했겠는가?

한번은 카네기와 풀먼이 소형 기차 및 객차 서비스 사업권을 두고 이권 다툼을 벌일 때였다. 당시 카네기의 센트럴 운송회사와 풀먼의 기업은 유니언 퍼시픽 철도회사의 계약을 따기 위해 출혈 경쟁을 벌였고 결국 양쪽이 다 손해를 볼 수밖에 없는 지경에 이르렀다.

결국 카네기와 풀먼은 유니언 퍼시픽 이사회와 면담을 하기 위해 뉴욕에 도착했다. 드디어 성 니콜라스 호텔에서 풀먼과 만나게 된 카네기는 풀먼에게 말을 건넸다.

"안녕하십니까? 풀먼 씨. 우리 둘 다 바보짓을 하고 있는 것 아십니까?"

"그게 무슨 말입니까?"

카네기는 두 기업의 제살 깎아먹기 경쟁이 아닌 합병을 통해 더 큰 기회를 창출해내자는 제안을 했다. 풀먼은 카네기의 제안을 주의 깊게 듣고 있었으나 확실한 결정을 내리지는 않았다.

그는 반신반의하는 표정으로 물었다.

"새로운 회사를 세우면 이름은 뭐라고 지을 겁니까?"

"물론 풀먼 씨의 이름을 따야지요."

이 대답에 풀먼은 두 눈을 반짝거리며 유쾌한 미소를 지었다.

"제 방으로 가시지요. 좀 더 이야기를 나눠봅시다."

이렇게 산업계의 새로운 역사가 탄생하게 되었다.

❀ 사람은 누구나 자신의 명성을 드높이고 싶어 한다. 누구도 정복하지 못한 빙산에 자신의 이름을 붙이고자 죽음을 무릅쓰고 남극탐험을 떠나는 사람이 있는가 하면 대중 앞에 얼굴을 내비치고자 엄청난 돈을 쏟아붓는 이들도 있다. 자. 이름 속에 감추어진 인간의 무한한 욕망을 느낄 수 있겠는가?

루즈벨트의 처세술

챔벌레인은 루즈벨트 대통령을 위해 제작된 특별 전용차량을 기계공 한 명과 함께 백악관으로 배달하러 갔다. 그는 내게 당시의 상황을 자세히 설명한 편지를 보내주었다.

"전 대통령께 차량 내 특수 장치를 어떻게 사용하는지

가르쳐 드리러 갔었는데 오히려 처세술에 대해 더 많이 배우고 온 것 같습니다. 제가 백악관에 도착했을 때, 대통령께서는 무척이나 기분이 좋은 듯 보였습니다. 스스럼없이 제 이름을 부르고 어깨를 두드려주시며 친절하게 대해주셨지요. 전 대통령께서 차량의 세밀한 부분까지 관심을 기울이고 진지하게 설명을 들으시는 모습에 깊은 인상을 받았습니다.

루즈벨트 대통령은 특수 설계된 차량을 보시곤 주위 사람들에게 '이 차는 기적이나 다름없네. 손으로만 운전할 수 있다니, 얼마나 신기한 일인가. 대체 어떻게 만들었을까? 한 번 속을 들여다봤으면 좋겠구먼.'하시며 감탄해마지 않으셨습니다.

당시 대통령의 친구 분들과 백악관 관료들이 자동차에 대해 칭찬을 아끼지 않자, 그는 제게 '챔벌레인 씨. 정말 감사합니다. 이 자동차를 만드느라 무척이나 심혈을 기울였겠군요. 정말로 근사합니다.'라고 말씀하셨습니다. 대통령께서는 라디에이터, 특별 제조된 백미러, 조명 등, 실내장식, 운전석의 위치, 그리고 대통령의 이름을 딴 특수 옷가방 등 세세한 부분에 대해서까지 칭찬해주시더군요.

그 분은 제가 특히 심혈을 기울였던 세밀한 부분까지 놓치지 않고 부인과 노동부 장관, 비서 퍼킨슨 양에게까지 자랑스럽게 보여주셨습니다. 그러곤 옆에 있던 시종에게 '조지, 이 특별한 옷가방을 잘 부탁하네.'라고 하셨습니다.

제가 운전할 때 주의해야 할 점을 몇 가지 일러드리자 '알겠습니다. 챔벌레인 씨. 자, 이제 가봐야겠군요. 연방준비위원회를 30분이나 기다리게 했거든요.'라고 하시더군요. 대통령께선 저희와 악수를 나누시곤 곧 자리를 뜨셨습니다.

저와 함께 백악관에 들어갔던 기계공은 무척 수줍음을 많이 타는 내향적인 친구라 줄곧 입을 다물고 있었습니다. 대통령께는 그 친구의 이름을 딱 한번 소개해드렸을 뿐인데 후에 자리를 뜨시면서 그와 악수를 나누며 다정스레 이름을 불러주시더군요. 대통령께서는 겉치레가 아닌 진심에서 우러나는 감사의 인사를 전해주셨고, 저희는 무척이나 놀랍고도 행복했습니다.

뉴욕으로 돌아온 후, 전 대통령의 친필 사인이 담긴 사진과 감사의 편지를 받았습니다. 대통령께서 어찌 이런 사소한 일에까지 마음을 쓰실 수 있는지 그저 신기할 따름입니다."

❀ 상대방의 호감을 얻는 가장 간단한 방법은 바로 그의 이름을 기억하는 것이다. 하지만 정작 이를 실천하는 사람은 무척 드물다. 낯선 이들과 즐겁게 이야기를 나누고서도 곧바로 그들의 이름은 까맣게 잊곤 하는 것이다. 보라, 모든 사람이 성공할 수 없는 이유는 바로 여기에 있다.

이름을 기억하는 방법

나폴레옹의 조카였던 나폴레옹 3세는 나랏일에 눈코 뜰 새 없이 무척 바빴음에도 만나는 모든 이들의 이름을 기억했다.

그 비결은 과연 무엇이었을까? 간단하다. 이름을 잘 알아듣지 못했을 경우에 상대에게 "다시 한 번 말해주겠나?"라고 청하고, 혹여 외우기 어려운 이름이면 어떻게 쓰는지 물어보는 것이다.

대화를 나누는 동안에는 상대의 이름을 반복해서 되뇌며 그의 이름과 얼굴, 표정, 모습 등을 연관 지어 기억해두었다.

만약 중요한 인물을 접견할 때에는 평소보다 더 많은 노력을 기울였다. 혼자 있을 때 상대의 이름을 적어놓고 찬찬히 마음속에 새긴 뒤, 그 종이를 찢어버렸다. 덕분에 그는 상대방의 이름을 머릿속에 확실히 남겨놓을 수 있었다.

❀ 대부분의 사람들은 상대방의 이름을 기억하는 데 큰 주의를 기울이지 않는다. 때문에 매번 만날 때마다 낯선 분위기가 이어지며, 또 다시 관계를 맺는 데 시간을 낭비해야 한다.

기쁨의 샌드위치

인도 제너럴 모터스 사에서 일하는 켄 노팅햄은 회사 식당의 여종업원이 언제나 얼굴을 찡그리고 있음을 알아챘다.

"매일매일 거의 두 시간 동안 샌드위치만 만들고 있더군요. 그녀에게 저란 존재는 그저 샌드위치 1인분에 지나지 않았겠지요. '~를 주세요.'라는 말 이 외에는 해 본 적이 없으니까요.

그녀는 작은 저울에 햄을 달아보고는 양상추, 포테이토칩과 함께 건네주곤 했습니다.

며칠 후, 전 여느 때와 마찬가지로 식당에 줄을 섰어요. 달라진 점이 있다면 그녀의 이름표를 유심히 보아두었다는 겁니다.

전 미소 띤 얼굴로 '안녕하세요. 유니스?'라고 인사를 한 뒤 무엇을 먹고 싶은지 이야기했지요. 그러자 그녀는 햄과 양상추, 포테이토칩을 저울에 달아보지도 않고 접시가 넘칠 정도로 듬뿍 담아주더군요."

❋ 당신이 상대방의 이름을 기억한다면 그도 당신을 기억해줄 것이다. 그러니 샌드위치 1인분 정도로 취급받고 싶지 않다면, 상대의 이름을 기억하는 데 수고를 아끼지 마라.

4

상대방의 이야기를 경청하라

당신과 대화하는 그 사람은 다른 어떤 것보다 자기 자신의 문제, 필요에 대해 관심이 많다. 수백만 명의 사상자를 낸 천재지변보다 자신의 치통이 더욱 절실한 문제인 것이다. 아프리카에서 40여 차례나 발생한 심각한 지진 역시 자신의 목에 난 종기보다 더 대단하지 않은 법이다. 그러니 누군가와 대화를 할 때에는 이 점을 반드시 기억해라.

누구나 청중이 필요해

최근에 브릿지 카드 모임에 초청받은 적이 있었다. 개인적으로 난 카드게임을 그다지 즐기지 않는데 공교롭게도 내 옆자리에 앉은 부인도 카드게임을 할 줄 몰랐다.

부인은 내가 로엘 토머스가 라디오 방송 사업을 시작하기 전에 그의 매니저로 일했으며 그와 함께 유럽전역을 여행했다는 말을 듣고 여행 중의 재미있는 에피소드에 대해 이야기해 달라고 말했다.

　우리가 소파에 자리를 잡고 앉았을 때, 그녀는 얼마 전에 남편과 아프리카에 다녀왔다는 얘기를 꺼냈다.

　"아프리카! 정말 멋지군요! 저도 그곳에 무척 가보고 싶은데, 알제리에 하루 동안 머물렀던 것 외에는 다른 곳에 가보질 못했어요. 어딜 다녀오셨어요? 와, 부럽군요. 아프리카 이야기를 좀 더 해주세요."

　그 후로 우리는 45분간 이야기를 나눴는데 그녀는 내 여행에 대해 다시는 묻지 않았다. 부인은 그저 자신의 경험과 생각을 들어줄 청중이 필요했던 것이었다.

❀ 어떤 모임에 참가했을 때, 말을 많이 할수록 더욱 신이 났던 경험이 있을 것이다. 심지어는 모임이 끝난 후에도 쉽사리 흥분을 가라앉히지 못했으리라. 게다가 당신의 이야기를 잘 들어주는 사람에겐 절로 호감이 가지 않던가? 자, 입장을 바꿔놓아도 마찬가지이다. 그러니 상대방의 호감을 얻고 싶다면 그가 실컷 말할 수 있도록 잠자코 들어주어라.

즐거운 대화

얼마 전, 나는 뉴욕의 출판업자 J. W. 그린버그가 주최한 파티에서 한 저명한 식물학자를 만나게 되었다. 그때까지 식물학자와 이야기를 나눈 적이 없어서였는지 나는 곧 그의 이야기에 온통 빠져버렸다.

그가 온실화원의 배치, 대마, 식물학 등에 대해 이야기해줄 때 난 마치 무엇에 홀린 것 마냥 넋을 놓고 앉아있었다. 덕분에 우리 집의 작은 실내정원을 관리하는 효과적인 방법까지 알게 되었다.

십 수 명이 참석한 파티에서 난 다른 손님들은 거들떠보지도 않은 채 오로지 이 식물학자와 몇 시간 동안 담소를 나눴다. 파티가 끝나고 작별인사를 하면서, 그는 파티 주최자에게 나에 대한 칭찬을 늘어놓았다. 내가 무척 공손한 사람이라는 말로 시작하여 사람을 끌어들이는 능력이 있으며 대화를 참 잘하는 매력적인 사람이라는 평을 해준 것이었다.

대화를 참 잘하는 사람? 사람을 끌어들인다고? 내가 말인가? 사실 난 거의 한 마디도 하지 않았다! 말을 하고는 싫었지만 그럴 수가 없었다. 식물학에 대해서는 거의 무지했으니 말이다.

하지만 난 정말 열심히 경청했다. 관심이 있었기에 더욱 열심히 들을 수 있었던 것 같다. 그는 내 반응에 고무되어 더 많은 이야기를 들려주었다. 역시, 경청이야말로 상대에 대한 존경과 찬사를 드러내는 최고의 방법인 듯하다.

✤ 자기 이야기만 하는 사람은 영원히 자신의 틀에서 벗어나지 못한다. 그리고 자기 생각만 하는 사람 역시 구제불능이다. 이때는 아무리 좋은 교육을 받았더라도 아무런 소용이 없다. 그러니 비난을 면하고 싶다면 상대방이 더 많이 말할 수 있도록 해주어라. 즉, 좋은 청자가 되는 것이다. 경청하는 행위에 내포된 존경과 칭찬을 거부할 사람은 아무도 없다.

지배인의 능력

J. C. 우튼 씨는 뉴저지 주 뉴어크의 어느 백화점에서 양복 한 벌을 구입했다. 그런데 산 지 얼마 되지도 않은 양복에서 물이 빠져 와이셔츠 깃이 까맣게 물들고 말았다. 너무 실망한 우튼 씨는 다시 양복을 들고 백화점의

판매직원을 찾아갔다. 그는 양복 건에 대해 '이야기하려고'했다. 여기서 주의할 점은 '이야기 하려고'했다는 점이다. 사실 그는 어떤 이야기도 할 수가 없었다. 점원들은 도통 그의 이야기를 듣지 않은 채 그저 변명만 늘어놓았기 때문이다.

"그 직원이 퉁명스럽게 이야기하더군요. '지금까지 양복을 수천 벌이나 팔았지만 그런 일은 한 번도 없었습니다.'그것은 마치 큰 목소리로 기고만장하여 '당신, 괜한 트집 잡는 거 아냐? 우릴 속일 생각은 하지 말라고, 흥! 사람 봐가면서 할 일이지.'라고 말하는 것 같았습니다. 도저히 일이 해결될 것 같지 않자 또 다른 직원이 끼어들었습니다. '검정색 옷은 원래 처음에 물이 조금씩 빠져요. 게다가 그 가격대 옷은 그럴 수밖에요. 염색 문제이니까요.'

정말 화가 머리끝까지 치밀어 오르더군요. 한 직원은 절 거짓말쟁이로 몰아붙이고, 또 다른 직원은 제가 싸구려를 샀으니 어쩔 수 없다고 말하고 있었으니까요. 더 이상 참을 수가 없어서 한바탕 싸움을 벌이려고 할 때, 때마침 백화점 지배인이 다가왔습니다.

무척이나 노련했던 그 지배인은 제 불만을 한 순간에 없애주었습니다. 어떻게 했냐고요? 먼저, 그는 처음부터 끝까지 제 얘기를 모두 다 들어주었습니다. 말을 끊지도 않고, 끼어들지도 않았지요. 그러고는 제 입장에서 서서 직원들과 이야기를 나누더군요. 와이셔츠 깃이 물든 것은 순전히 양복 때문이라는 것과 백화점에서는 하자 없는 제품을 판매해야 한다는 사실도 주지시켰습니다. 그는 하자있는 제품을 판매한 것에 대해 솔직히 시인하고 '이 양복을 어떻게 하시는 게 좋겠습니까? 원하시는 대로 해드리지요.'라고 말하더군요.

몇 분 전까지만 해도 양복 값을 모두 환불받고 싶었으나 금세 생각이 바뀌었습니다. 전 '어떻게 하면 좋을까요? 이 탈색 현상이 일시적인 것인지, 혹시 탈색을 막을 수 있는 다른 방법이 있는 건지 알고 싶은데요.'라고 대답했지요.

그는 내게 일주일만 더 두고 지켜볼 것을 제안했습니다. '혹시 그때도 색이 빠지거든 다른 옷으로 바꿔드리겠습니다. 불편하게 해드려 정말 죄송합니다.'

전 그제야 기분을 가라앉히고 백화점을 나섰습니다.

조금 지나자 과연 양복은 괜찮아지더군요. 그때 비로소 다시 백화점 측을 믿을 수 있었습니다. 그 지배인은 장사를 할 줄 아는 친구더군요. 하지만 그 직원들은 평생 점원신세를 면치 못하거나 고객을 대할 필요가 없는 포장 부서에서 일하는 게 다일 겁니다."

❋ 위의 지배인은 과연 책임자다웠다. 하지만 그 직원들은 말투를 바꾸지 않는 한 결코 아랫자리를 벗어나지 못할 것이다. 바로 이 차이가 사람들 간의 각기 다른 가치를 만들어낸다. 그러니 그가 성공하는 것이 당연하지 않은가!

까다로운 고객

수년 전, 뉴욕의 한 통신회사는 전화상담원에게 욕을 해대는 악질적인 고객 때문에 골치를 썩이고 있었다. 그는 통신요금을 허위로 청구했으니 절대로 지불하지 않겠다며 으름장을 놓는 것은 물론 신문사에 투고를 하고 공공서비스위원회에 제소하기까지 했다. 그 결과 회사는 여러 건의 소송에 휘말렸다.

결국 회사 측에서는 노련한 분쟁 해결사를 투입해 이

말썽 고객을 해결하기로 했다. 이 '해결사'가 우리 세미나에서 말해준 자세한 상황은 이러했다.

"그 손님은 장장 세 시간 동안이나 혼자서 미친 듯이 떠들어 댔습니다. 그 후로 네 번이나 더 면담을 했는데, 전 줄곧 가만히 듣기만 했지요. 면담이 끝날 무렵, 전 그가 조직한 '전화가입자 보호협회'의 회원으로 가입했습니다. 제가 알기로 그 모임의 조직원은 그 사람과 저 단 둘뿐일 겁니다.

면담을 하는 동안, 전 그의 불만에 공감을 표하며 열심히 듣기만 했습니다. 그런데 저희 회사에서 이렇게 대응하는 사람은 저밖에 없었나봅니다. 어쨌든 그 손님의 마음은 점점 풀어졌습니다. 전 세 번째 면담이 진행될 때까지 회사의 요구사항에 대해서는 입도 뻥긋하지 않았습니다. 하지만 모든 면담이 끝날 무렵, 그는 밀린 요금을 모두 납부했을 뿐 아니라 공공서비스위원회에 제소한 소송까지 자진해서 취하해주었습니다.

이 고객은 스스로가 정의를 위해 싸우는 영웅이라고 생각하는 듯했습니다. 불합리한 착취에 맞서 공공의 이익을 보호해야 한다는 것이었죠. 하지만 실제로는 그저 자신의 존재를 인정받고 싶었던 것 같습니다. 불만을 토로하고 소송을 걸면서 이런 만족감을 얻었던 것이지요. 그는 제가 열중해서 경청하는 동안 자신의 존재가치를 확인할 수 있었고, 그 순간 모든 원한과 불만은 눈 녹듯 사라져버린 겁니다."

❦ 위의 고객은 표면적으로 사회정의를 위해 나선 듯 보이지만, 실제로는 자기의 존재를 인정받고 싶은 욕구를 불평, 원망, 불만 등으로 표출한 것일 뿐이다. 그러니 인정받고 있다는 생각이 든 순간 모든 불만이 사라져버린 것이 아닌가. 투덜이를 달랠 수 있는 방법은 단 한 가지이다. 동정심과 인내심을 갖고 귀를 기울여주어라. 그리하면 그의 부드러운 면모를 볼 수 있으리라.

유명인과 사귀는 법

에드워드 보크는 찢어지게 가난한 탓에 학교를 채 6년도 다니지 못했지만 후일 미국 언론계에서 가장 성공한 잡지 편집자가 되었다. 과연 그 비결은 무엇이었을까?

그는 열세 살에 학교를 그만두고 웨스턴 유니언 전신회사의 말단 직원으로 들어갔다. 주급 6달러 25센트를 받는 고된 삶의 연장이었지만, 그는 결코 공부에 대한 꿈을 포기하지 않았다.

보크는 지식에 대한 갈증으로 독학을 시작했다. 차비를 아끼기 위해 걸어 다니고 점심을 굶는 것도 예사였다.

그는 이렇게 모은 돈으로 미국 위인전집을 샀다. 그리고 이들 유명인의 삶에 대해 꼼꼼히 읽은 후, 한 사람 한 사람에게 어린 시절에 대해 좀 더 알려달라는 편지를 보냈다. 그들처럼 되려면 어찌해야 하는지 좀 더 많은 이야기를 듣고 싶었던 것이었다.

보크는 당시 대통령 후보였던 제임스 장군에게 어린 시절 운하에서 배 끄는 노동을 한 것이 사실이냐고 물었다. 이 편지를 받은 제임스는 친절하고도 상세한 답변을 보내주었다. 그는 또 그랜트 장군에게 책에 나왔던 전투에 대해 알려달라는 편지를 보냈고 장군은 당시의 지도까지 그려가며 상세한 답신을 보내왔다. 후에 장군은 이 열네 살짜리 소년을 초청하여 함께 식사를 하기도 했다.

보크는 에머슨에게도 "선생님 이야기를 들려주세요." 라고 편지를 보냈다. 그리하여 전신회사의 말단직원에 불과했던 이 소년은 유명 인사들(에머슨, 필립 브룩스, 올리버

웬델 홈스, 롱펠로, 에이브러햄 링컨 부인, 셔먼 장군, 제퍼슨 데이비스 등)과 편지를 주고받는 사이가 되었다.

그는 시간이 날 때마다 유명인들을 직접 찾아다녔고 이들은 보크를 귀한 손님으로 대접해주었다. 이런 독특한 경험은 보크에게 무한한 자신감을 심어주었고, 그의 삶 역시 꿈과 야망이 이끄는 대로 발전해갔다.

✤ 〈리더스 다이제스트〉에는 이런 구절이 있다. "사람들은 고통 속에서 의사를 찾아가지만, 실제로는 그저 자기 이야기를 들어줄 사람이 필요할 뿐이다." 유명인사든 평범한 사람이든, 누군가 자신의 이야기를 들어줄 때는 무척 기뻐한다. 그러니 상대방에겐 관심도 없이 온통 자기 이야기만 늘어놓는 사람이라면 비호감이지 않겠는가?

5

상대방이 좋아하는 것에
주목하라

사람들을 끌어당기는 '인간 자석'이 되는 데는 단 한 가지의 비결이
있다. 심오한 지식이나 화려한 말솜씨보다는 질문할 줄 아는 능력,
상대방의 마음을 열 수 있는 힘이 바로 그것이다.

영원히 잊을 수 없는 교양 있는 신사

예일대학교 문학과 교수였던 윌리엄 라이언 펠프스는
어린 시절에 한 가지 지혜를 깨닫게 되었다.

"여덟 살 때의 일이다. 난 고모님 댁에서 주말을 보내
고 있었다. 그때, 마침 고모님 댁을 방문했던 한 중년신
사와 이야기를 나누게 되었는데, 당시 난 요트에 푹 빠져
있었기에 온통 요트에 대한 생각뿐이었다. 그런데 그 분

역시 요트를 좋아하시는 듯했다. 우리는 신이 나서 한참 동안을 요트 이야기로 떠들어댔다.

그분이 돌아가신 뒤에 나는 고모님께 자랑스럽게 말했다.

'그분도 요트에 관심이 많으신가 봐요. 진짜 멋졌어요!'

하지만 고모님은 고개를 저으며 말씀하셨다.

'그분은 변호사야. 요트 같은 거에는 관심이 별로 없으실걸.'

'그러면 왜 온통 요트 이야기만 하신 거죠?'

'그분은 교양 있는 신사니까. 그래서 네가 좋아하는 주제에 흥미를 갖고 관심을 보이신 거란다.'

그때 고모님이 하신 말씀은 아직까지도 잊히지 않는다. 아마 영원히 잊을 수 없으리라."

❀ **사람들로부터 호감을 얻고 싶다면 고모님의 말씀을 반드시 기억해라.**

수표를 보여줄 수 있나요?

보이스카우트 활동에 무척이나 열성적이었던 찰리프 씨는 얼마 전에 내게 아래와 같은 편지를 보내왔다.

"유럽에서 열리는 보이스카우트 잼버리에 우리 단원을 파견하고 싶었습니다. 그래서 미국의 한 대기업에 스폰서를 요청할 생각이었지요. 때마침 전 그 사장님이 서명까지 마친 100만 달러짜리 수표를 액자에 넣어 간직하고 있다는 정보를 얻었습니다. 그래서 전 사무실에 들어가자마자 그 수표를 보여주실 수 있는지 여쭈었습니다.

'100만 달러짜리 수표는 한 번도 본 적이 없어요. 혹시 수표를 보여주실 수 있나요? 돌아가서 우리 단원들에게 얘기해주고 싶어서요.'

사장님은 흔쾌히 수표를 보여주셨습니다. 전 감탄해 마지않으며 또다시 그 수표를 어떻게 끊게 되었는지를 물어보았지요."

자, 여기서 눈치를 챘는가? 찰리프 씨는 자신이 원하는 것에 대해서는 한 마디도 하지 않은 채 먼저 상대방의 관심사에 대해 이야기를 꺼냈다. 결과는 어땠을까?

"한참 뒤에야 사장님은 무슨 일 때문에 왔는지 물으시더군요. 그래서 전 이번 보이스카우트 활동에 대해 설명드렸습니다. 사장님께서는 흔쾌히 부탁을 들어주셨을 뿐 아니라 훨씬 많은 혜택을 제공해주셨습니다. 원래는 보이스카우트 단원 한 명만 보낼 예정이었는데 단원 다섯 명과 저까지 갈 수 있게 되었으니까요. 우리는 그분이 주신 1천 달러로 7주간이나 유럽에 머물 수 있었습니다. 사장님께선 자사의 유럽 파견 지점장에게 우리를 잘 돌봐주라는 내용의 소개장까지 써 주셨어요.

뿐만 아니라 사장님은 유럽 출장길에 저희에게 들러 파리 구경을 시켜주셨고, 그때 이후로 가정 형편이 좋지 못한 아이들에게 장학금을 주시는 한편 보이스카우트 활동을 지속적으로 돕고 계십니다.

만약 그때 사장님의 관심사에 귀를 기울이지 않았다면 지금처럼 이렇게 일이 순조롭진 않았겠지요?"

❀ 대화란 총성 없는 전쟁이며 치열한 두뇌 싸움이다. 그러니 철저한 준비 없이는 결코 이길 수가 없다. 대화를 통한 윈-윈 전략을 구상한다면, 반드시 상대방의 관심사에 대해 확실하게 파악해야 한다.

가려운 곳을 긁어주어라

뉴욕의 한 빵집 사장이었던 두버노이는 어느 특급호텔에 빵을 납품하려고 거의 4년 동안이나 호텔에 출근하다시피하며 담당 매니저를 쫓아다녔다. 그는 심지어 매니저가 참석하는 모임까지 따라다녔으나 결과는 매번 실패로 끝났다.

"이후에 카네기 세미나를 수강하면서 전략을 바꿔보기로 결심했습니다. 그 매니저의 관심사에 집중하기로 한 겁니다. 대체 어떤 것에 흥미를 갖고 있을까?

전 미국 호텔협회의 열성적인 회원인 그가 협회의 단체장으로 선출되었다는 사실을 알아냈습니다. 게다가 국제 호텔업협회 협회장도 겸하고 있더군요. 그는 무슨 일이 있어도 이들 단체의 모임에는 빠지는 법이 없다고 했습니다.

이튿날, 전 그 매니저에게 호텔협회의 구체적인 정황에 대해 물어보았습니다. 신이 난 그는 한참 동안을 자세히 설명해주더군요. 호텔협회는 그의 삶의 일부나 다름없는 것 같았습니다.

그래서일까, 제가 그 단체에 관심을 보이자 무척이나 즐거워하더군요. 그는 제게 호텔협회에 가입하라고 권유하기까지 했습니다.

물론 전 빵에 대해서는 일언반구도 하지 않았지요. 그러나 며칠 후, 호텔의 사무장이 전화를 걸어와 빵 샘플과 가격표를 갖고 오라고 했습니다. 제가 호텔에 갔을 때 사무장이 그러더군요.

'대체 어떻게 했는지는 모르겠지만, 이번엔 제대로 홈런을 친 것 같군요.'라고요."

❁ 두버노이는 매니저의 마음을 열기 위해 4년 동안이나 갖은 애를 썼다. 하지만 그의 관심사를 여전히 알지 못했다면 또 얼마나 많은 시간이 필요했겠는가! 누구에게나 '가려운 곳'은 있기 마련이다. 그곳을 긁어줄 능력만 있다면 성공은 눈앞에 있는 것과 마찬가지이다.

대단한 기교

도로시 딕스 여사는 신문 지상에 오르내리던 유명한 혼인빙자 사기꾼을 인터뷰했다. 그는 스물세 명이나 되는 여인들의 마음을 흔들어놓고 재산을 가로챈 악질 범죄자였다. 물론 인터뷰는 교도소에서 진행되었다. 딕스 여사가 물었다.

"하나둘도 아니고, 어떻게 그렇게 많은 여인들의 마음을 빼앗을 수가 있었습니까?"

"뭐 대단한 기교가 있었던 것은 아닙니다. 그저 그녀 자신들에 대해 이야기를 나누었을 뿐이지요."

이 방법은 물론 남자들에게도 똑같이 적용된다. 영국 역사상 가장 현명한 수상이었던 디즈레일리도 말하지 않았던가!

"상대방에 관한 이야기를 꺼내라. 그러면 아무리 말없는 남자와도 몇 시간이고 얘기할 수 있다.

✽ 상대의 마음을 사로잡는 위의 비법을 실천해보라. 물론, 바람둥이 사기꾼이 되지 않는다는 전제하에 말이다.

6

칭찬을
아끼지 마라

인생에는 한 가지 중요한 법칙이 있다. 이를 제대로 지킨다면 귀중한 우정과 영원한 기쁨을 누릴 테지만, 이를 거스른다면 더없이 험난한 길을 걷게 되리라. 이 법칙은 다음과 같다. 상대방을 귀하게 여기고 칭찬을 아끼지 마라.

탁월한 학생

캘리포니아에서 카네기 세미나 강사로 활약하는 로널드 롤랜드는 미술 공예교사이기도 했다. 일전에 그는 초급 공예반의 크리스라는 학생에 대해 다음과 같은 이야기를 들려주었다.

"무척 조용하고 수줍음이 많았던 크리스는 크게 눈길

을 끄는 아이는 아니었어요. 하루는 열심히 도안을 그리고 있던 크리스와 이런저런 이야기를 나누었는데, 그 아이의 마음속에 활활 타오르는 불같은 열정이 느껴지더군요.

제가 '상급반 수업을 받는 건 어떠니?'라고 묻자 열네 살 소년의 얼굴은 금세 환희로 가득 찼습니다. 감동에 젖은 아이는 억지로 눈물을 참고 있는 것 같았습니다.

'제가 잘할 수 있을까요? 롤랜드 선생님?'

'물론이지, 크리스. 지금도 잘하고 있잖니.'

그날 수업이 끝난 후, 초롱초롱한 눈으로 '감사합니다. 롤랜드 선생님'하고 인사하는 크리스의 목소리에는 자신감이 넘치더군요.

전 크리스 덕분에 정말 귀중한 교훈을 얻었습니다. 어느 누구라도 마음 깊은 곳에 자신감과 자존심을 품고 있다는 것이지요. 그래서 전 '당신은 잘하고 있습니다.'라는 표어를 칠판 위에 붙여두었습니다. 아이들뿐만 아니라 저 자신에게도 상기시키기 위해서요. 모두가 탁월한 학생이라고 말이죠."

❀ 에머슨은 '어느 누구든 분명 나보다 탁월한 면이 있다. 그렇기에 난 모두로부터 배울 수 있다.'라고 말했다. 열등감에 시달리는 사람들이나 상대에게 인정받기 위해 애를 쓸 뿐이다.

시인을 향한 찬사

대장장이의 아들이었던 홀 케인은 학교를 채 8년도 다니지 못했다. 하지만 그가 세상을 떠날 때쯤에는 미국 최고의 소설가이자 세계에서 가장 부유한 작가로 명성을 떨쳤다.

소네트를 좋아했던 케인은 단테 가브리엘 로제티의 시를 모두 외울 정도였다. 그는 로제티에게 그의 예술적 업적을 칭송하는 장문의 편지를 보냈다. 이에 로제티는 무척이나 기뻐하며 케인을 런던으로 불러들여 개인 비서로 삼았다.

"내 심오한 시를 이토록 깊이 이해하는 젊은이가 있다니, 참으로 대견하군!"

바로 이 기회가 케인의 인생을 바꾸어놓았다. 그는 당대의 유명 문인들과 교류하며 그들의 충고와 격려를 받아들였고, 덕분에 작가로서의 뚜렷한 경력을 쌓을 수 있었다.

케인의 고향인 크리바 캐슬은 유명 휴양지로 거듭났으며 그가 남긴 유산만도 250만 달러에 달했다. 만약 그가 유명한 시인의 창작을 칭송하지 않았다면, 그 역시 선조들처럼 가난하고 초라하게 삶을 마쳤을지도 모를 일이다.

❀ 진심에서 우러나는 찬사야말로 가장 위대한 힘이다. 누구나 중요한 존재이길 원하지 않는가! 찬사란 '상대가 중요한 존재임'을 인정해주는 것이다. 이에 감동한 상대는 무언가 보답하려 할 것이고 이로써 당신의 인생이 바뀔 수도 있다.

고가의 특별한 선물

우리 세미나에 참여했던 코네티컷 출신의 변호사가 있었다. 그가 이름을 밝히길 원하지 않으니 여기서는 K씨라고 부르겠다.

K씨가 세미나에 참여한 지 얼마 되지 않았을 무렵, 그는 부인과 함께 롱아일랜드의 친척들을 방문했다. 그런

데 연로하신 숙모님과 이야기를 나누는 사이 아내는 다른 친척들을 만나러 나갔다. 때마침 K씨는 다음번 세미나에서 '칭찬의 원리를 어떻게 활용했는가?'에 대해 발표해야 했기에 먼저 숙모님에게 칭찬의 말을 건네 보기로 했다. 그는 칭찬할 것이 없을까 집안을 천천히 둘러보았다.

"이 집을 1890년에 지으신 거죠?"

"그렇지, 바로 그 해였어."

"이 집을 보면 제가 어릴 때 살던 집이 생각나요. 정말 멋스럽게 지으셨네요. 그런데 요즘 사람들은 이런 집을 볼 줄 모른다니까요."

"그러게 말이야. 요즘 젊은 사람들은 손바닥만 한 아파트에 냉장고랑 자동차 타령만 해대지. 정말 좋은 집을 볼 줄 몰라."

숙모님은 고개를 끄덕이며 옛 기억에 흠뻑 빠지신 듯 촉촉한 목소리로 말을 이었다.

"이건 '사랑'으로 지은 집이야. 우리 부부가 줄곧 꿈꿔 왔던 그런 집이지. 모든 걸 우리 손으로 다 만들었단다."

그녀는 K씨에게 집안 구석구석을 보여주었다. K씨는

숙모님이 평생 동안 간직해온 고풍스런 프랑스식 침대와 앤티크풍의 영국 차세트, 이탈리아 명화, 한때 프랑스의 성을 장식했던 실크커튼 등의 애장품을 보며 감탄을 아끼지 않았다.

"숙모님은 집안 구석구석을 보여주시더니 마침내 절 데리고 차고로 가셨습니다. 거기엔 새것이나 다름없는 패커드 한 대가 있더군요."

숙모님은 떨리는 목소리로 말했다.

"남편이 세상을 떠나기 전에 구입한 차야. 하지만 그 이후로는 한 번도 타지 않았지. 네가 좋은 물건을 보는 안목이 있는 듯하니 저 차를 가져가거라."

생각지도 못한 호의에 당황한 K씨는 말도 안 된다는 듯이 사양했다.

"숙모님, 뜻은 감사하지만 차를 받을 수는 없어요. 거의 새것이나 다름없는 차인데요. 그리고 저 차를 주실 만한 가까운 친척도 많으신데…."

"친척이라고?"숙모님은 잠시 언성을 높이시며" 그래, 친척들이 많긴 하지. 내가 죽고 나면 이 차를 가지려고 안달하는 놈들 말이야. 하지만 절대 그렇게는 안 되지."

라고 소리치셨다.

"숙모님, 그럼 차를 파시던가요."

"차를 팔아?" 이번에는 그녀의 언성이 더 높아졌다.

"내가 이 차를 팔 거라고 생각해? 얼굴도 모르는 사람이 이 차를 타고 다니는 꼴을 보라고? 내 남편이 사준 차야. 꿈에라도 차를 팔 수는 없어! 다만, 너만은 멋을 아는 듯해서 기꺼이 주려는 거야."

K씨는 더 이상 거절할 수가 없어 그 추억의 자동차를 받아왔다.

❋ 넓고 아름다운 집에서 홀로 옛 추억을 회상하며 살던 노부인은 그저 누군가 자신에게 동감해주길 원했다. 순수한 인간적인 관심과 진심에서 우러나는 칭찬에 목말라했던 것이다. 이때 K씨는 그녀의 갈증을 한껏 채워주었고, 그 마음에 감동한 숙모님은 고가의 선물도 전혀 아까워하지 않았다.

법관과 강아지

원예설계사 인도널드 맥마흔은 내게 이런 이야기를 들려주었다.

"어떻게 친구를 사귀고 영향력을 확대할 것인가?'에 대한 세미나에 참석한 얼마 후, 전 유명한 법관의 저택 조경공사를 진행했습니다. 그는 정원 어느 곳에 어떤 꽃을 심어달라는 등의 이야기를 하고 있었는데 이때 제가 '법관님, 개들이 정말 멋집니다. 듣자하니 견공대회에서 이미 몇 번이나 수상하셨다면서요?'라고 말을 건넸습니다. 제 말은 금세 효력을 발휘하더군요.

'그렇다네, 개를 키우는 건 무척 즐거운 일이지. 자네, 사육장을 한 번 들러보겠나?'

법관은 거의 한 시간에 걸쳐 견공들과 상패를 보여주었습니다. 그리고 심지어는 개의 족보까지 들고 나와 개의 혈통에 대해서 자세히 설명해 주더군요. 자기의 개는 우수한 혈통을 타고나 그렇게 아름답고 온순한 것이라면서 저에게 아들이 있는지 물었습니다.

'네.'

'그럼, 강아지도 좋아하겠군?'

'물론이죠, 무척 좋아합니다.'

그러자 법관은 고개를 끄덕이며 말했습니다.

'잘 됐군. 그럼 내가 한 마리 주리다.'

이어 강아지 기르는 방법을 세세히 일러주던 그는 말로만 하면 잊어버린다면서 강아지의 족보와 사육법 등을 타이핑해서 건네주었습니다.

전 그저 진심 어린 칭찬을 했던 것뿐이었는데 법관은 귀중한 시간과 함께 수천 달러짜리 강아지까지 흔쾌히 내주었습니다."

❋ 맥마흔 씨가 강아지를 바랐건 아니건 간에, 분명한 것은 그가 생각지도 못했던 강아지를 얻었다는 사실이다. 게다가 이 강아지 사건을 통해 사법관과 튼튼한 인간관계를 다져놓은 셈이니, 앞으로의 협력관계가 탄탄대로일 것임은 두말할 나위가 없다.

멋진 사무실

수년 전, 코닥필름의 조지 이스트만은 '이스트만 음악학교'와 '킬번 홀'을 건립할 계획을 세우고 있었다. 이때 당시 뉴욕 슈피리어 의자회사의 제임스 애덤슨 사장은 킬번 홀에 들어갈 의자 납품주문을 따내기 위해 아는 건축가의 도움으로 가까스로 이스트만과의 면담 일정을 잡았다.

애덤슨이 약속 장소에 도착하자 건축가는 당부했다.

"계약을 따고 싶은 건 알겠습니다만, 이건 꼭 아셔야합니다. 이스트만 씨는 시간개념이 철저한 분이니 절대로 5분을 넘기지 않도록 하세요. 요점만 간단히 말하고 나오시는 게 좋을 겁니다."

애덤슨은 그의 말대로 하리라 굳게 마음을 먹었다. 드디어 그가 사무실에 들어섰을 때 이스트만은 서류더미에 파묻혀 일에 몰두해 있었다. 잠시 후, 인기척을 느낀 이스트만은 안경을 벗고 애덤슨과 건축가에게 다가와 악수를 건넸다.

"어떤 일로 오셨습니까?"

건축가의 소개로 인사를 마친 후, 애덤슨은 자기도 모르게 그만 감탄을 쏟아내고 말았다.

"이스트만 씨, 사무실이 정말 멋지군요. 정말 부럽습니다. 이런 사무실에서는 일하는 것 자체가 즐겁겠어요. 저도 인테리어 목재장식 분야에서 일하지만, 이렇게 근사한 실내장식은 처음 봅니다."

"그러고 보니 거의 잊고 있었군요. 사실, 이 사무실 참 멋지지 않습니까? 처음 이 사무실을 지었을 때 무척이나 흐뭇했지요.

지금은 일에 쫓기느라 사무실을 둘러볼 틈도 없지만 말입니다."

애덤슨은 사무실 내부의 벽을 쓸어보며 말했다.

"영국산 떡갈나무군요? 이탈리아 산 떡갈나무와는 약간 결이 다르죠."

"맞습니다. 수입한 영국산 떡갈나무죠. 고급목재를 연구하는 친구가 특별히 골라준 거랍니다."

이어 이스트만은 자신이 손수 설계한 사무실 내부를 구석구석 소개해주었다. 목재의 품종과 색채, 조각 공예 작품 등에 이르기까지 자세한 설명을 덧붙여가면서 말이다. 창문가에 이르러 그들은 잠시 발걸음을 멈추었다. 이스트만은 자신이 후원하고 있는 로체스터대학교와 공립병원 등을 통해 공익에 기여하고 싶다고 말했고, 애덤슨은 그의 자선활동에 진심으로 경의를 표했다.

이스트만은 유리상자 속에서 자신이 최초로 구입했던 카메라를 꺼내 보여주었다. 그것은 한 영국인이 발명해낸 귀중한 보물이었다.

애머슨이 이스트만에게 사업 초기에 닥친 난관을 어

떻게 이겨냈는지 묻자 그는 지독한 가난에 시달렸던 어린 시절 이야기를 꺼냈다. 당시 보험회사 세일즈맨이었던 이스트만은 하루 수입이 고작 50센트에 불과했고, 홀어머니는 하숙을 쳐서 근근이 생활을 꾸렸다. 이때 그는 반드시 성공하겠다며 이를 악물었다고 했다.

애덤슨은 이스트만의 이야기에 열중했다. 사업 이야기에 이르러, 이스트만은 하루 종일 실험에 몰두했던 이야기부터 심지어 사흘 밤낮을 꼬박 새야 했던 추억까지, 애덤슨이 사무실에 들어간 것은 10시 15분경이었는데 벌써 한두 시간이 훌쩍 지나있었지만 그들의 이야기는 도무지 끝날 줄을 몰랐다.

이윽고 이스트만은 애덤슨에게 말했다.

"지난 번 일본에서 의자 몇 개를 사왔는데, 베란다에 두었더니 칠이 다 벗겨졌지 뭡니까. 그래서 의자 칠을 새로 했는데 기회가 되면 보여드리고 싶군요. 아니, 지금 저희 집에 가서 같이 점심을 하십시다. 내 보여드리리다."

잠시 후, 애머슨은 이스트만이 직접 칠한 의자를 볼 수 있었다. 억만장자의 의자치고는 무척 소박했지만 손수 칠을 했기에 더욱 가치 있는 물건이었다.

'키번 홀'의 의자 주문총액은 9만 달러에 달했다. 그렇다면 이 계약을 누가 따냈을까? 애머슨 외에 또 누가 있겠는가!

그 후, 이들은 이스트만이 죽는 순간까지 두터운 우정을 유지했다.

❀ 아무리 저명한 기업가도 보통 사람들과 마찬가지로 칭찬에 목말라있다. 진정한 찬사란 상황에 맞게 적절히 질문하고 성실히 경청할 수 있는 능력을 말한다.

3장

How to Win Friends & Influence People

설득에
성공하는 방법

1

논쟁을
피하라

> 말재간만으로 상대를 설복시킬 수는 없다. 궁지에 몰린 상대는 반항
> 심에라도 자기 무덤을 팔지 모른다. 외나무다리에서 만난 사나운 개
> 에게는 차라리 길을 양보하는 것이 낫다. 물리고 나면 개를 죽이더
> 라도 상처가 남는 법이니.

불필요한 논쟁

2차 세계대전이 끝난 직후, 나는 호주 출신의 유명한
조종사 루스 스미스 경을 위한 만찬에 참석했는데 내 옆
에 앉은 사람이 주위 사람들에게 어떤 재미있는 이야기
를 해주다가 '인간이 어떤 일을 하더라도 결국 신의 뜻에
따를 수밖에 없다'라는 구절을 인용하면서 그 말이 성경

에 나온다고 말했다.

그러나 내가 알기로 그건 분명히 셰익스피어의 작품에 나오는 말이었다. 난 스스로의 박식함을 자랑하고픈 마음에 아무런 거리낌 없이 그의 잘못을 지적했다. 그러자 그는 정색을 하며 말했다.

"뭐라고요? 셰익스피어라고요? 아닐걸요. 아니에요! 분명히 성경에 나온 말입니다. 틀림없어요."

당시 내 왼쪽에는 오랜 친구 프랭크 가몬드가 앉아있었다. 그는 오랫동안 셰익스피어 연구를 해왔기에 우리는 그의 의견을 듣기로 했다. 그런데 프랭크는 식탁 밑으로 나를 살짝 치면서 입으로는 이렇게 말하는 것이었다.

"데일, 자네가 틀렸네. 이 선생님 말씀이 맞아. 그건 성경에 나오는 구절이라네."

만찬 내내 억울하고 창피했던 나는 그날 밤 집으로 돌아오는 길에 프랭크에게 따져 물었다.

"내가 틀렸단 말인가? 그것이 셰익스피어 작품에 나오는 구절인 건 자네도 알고 있잖은가!"

그러자 프랭크는 옅은 미소를 띠며 대답했다.

"《햄릿》 5막 2장에 나오는 구절이지. 허나 데일, 우린 만찬을 즐기러 간 거였잖나. 굳이 그 손님이 틀리다는 걸 증명할 필요는 없었네. 그랬다면 그 사람이 자넬 기꺼워했겠나? 손님 체면을 좀 세워준다고 해서 손해 볼 일은 없네. 그는 자네 의견을 묻지도 않았어. 그런데 굳이 논쟁을 자처할 필요야 없잖은가? 이보게, 그런 식의 말다툼은 가능한 피하는 것이 좋은 거라네."

❖ 불필요한 논쟁에는 승자도 패자도 없다. 사람들은 십중팔구 자신의 의견을 계속 고집할 것이며, 비록 이겼다 하더라도 상대의 호감을 얻긴 그른 셈이다. 자존심을 짓밟힌 상대가 당신을 좋게 봐줄 리 만무하지 않은가.

고객의 마음을 들을 줄 아는 세일즈맨

몇 년 전, 아일랜드 출신의 패트릭 J. 오헤어가 우리 세미나에 참여했다. 정규교육을 제대로 받지 못한 그는 운전기사를 거쳐 자동차 세일즈맨으로 일하고 있었다. 하지만 생각만큼 매출이 오르지 않자 세미나 강좌를 등록한 것이었다. 몇 마디를 나눠본 후, 난 그가 고객들과 잦은 말다툼을 벌인다는 사실을 발견했다.

"고객들의 비판을 들으면 정말 화가 치밀어 오릅니다. 그래서 몇 마디를 퍼붓고는 자리에서 일어나죠. 물론 자동차는 팔지 못한 채로요."

오헤어는 공손하게 말하는 것에는 별로 관심이 없었다. 그래서 난 그에게 말을 적게 하고 논쟁을 피하라고 당부했다.

현재 그는 뉴욕 화이트 모터사의 가장 우수한 세일즈맨으로 등극했다. 어떻게 이것이 가능했을까?

"요즘에는 고객들이 '뭐라고요? 화이트 트럭이요? 그거 별로라던데, 거저 줘도 안 가져요. 난 후지쯔 트럭을 살 거요.'라고 말하더라도 예전처럼 그 자리에서 반박하진 않아요.

오히려 '그렇죠, 후지쯔 트럭이 튼튼하긴 하죠. 후지쯔는 제품도 좋고 세일즈맨들도 친절하더군요.'라고 대답합니다.

그러면 제 말을 들은 고객이 말문을 잃고 맙니다. 후지쯔 트럭이 좋다고 맞장구 쳐주는데 거기다 계속 같은 소리를 늘어놓을 수는 없잖아요. 그때 전 화이트 트럭의 장점에 대해서 말을 꺼냅니다.

사실 예전에는 이런 고객에게 불같이 화를 내곤 했습니다. 심지어는 고객과 논쟁을 벌이기도 했고요. 그런데 그럴수록 손해를 보는 건 저 자신이더군요.

지금 돌이켜보면 제가 얼마나 불필요한 시간과 돈을 낭비했던지요. 하지만 이젠 말을 줄이고 논쟁을 피해가는 법을 배웠습니다. 너무 늦지 않게 깨닫게 되어 다행이지요."

❋ 변론, 반박… 때로는 논쟁에서 승리함으로써 쾌감을 느낄 수도 있다. 하지만 결코 상대의 마음은 얻지 못하리니, 이는 공허한 승리에 불과하다. 당신은 유려한 말재간으로 떠벌일 승리가 필요한가? 아니면 상대방의 마음이 필요한가? 두 가지 모두를 얻을 수는 없다.

고집불통 세무원

소득세 상담원인 프레드릭 파슨즈는 정부 세무서 직원과 한 시간이나 논쟁을 벌이고 있었다. 파슨즈는 "이 9천 달러는 사실상 되돌려 받지 못하는 악성채권입니다. 그러니 세금을 부과하면 안 되지요."라고 주장했으나 세무원은 "악성채권이라고요? 그래도 세금은 내야 합니다.”라고 반박했다.

파슨즈가 세미나에서 말한 상황은 이러했다.

“그 거만하고 냉정한 세무원은 도무지 어떤 말도 들으려 하지 않더군요. 게다가 논쟁을 하면 할수록 점점 고집불통으로 변해갔습니다. 전 그 상황에서 벗어나기 위해 그에게 칭찬을 하기로 마음먹었습니다. 그래서 이렇게 말했죠.

‘선생님께는 이런 사소한 것보다 훨씬 복잡하고 골치 아픈 문제가 많으시겠지요. 사실 저도 조세공부를 한 적이 있습니다만, 그저 책 몇 권에서 얻은 지식에 불과하답니다. 선생님처럼 현장에서 일할 수 있으면 좋을 텐데요. 많은 것을 배울 수 있을 테니까요.’

그러자 그 세무원은 의자에 등을 기대면서 사실 자기가 적잖은 불법 행위를 적발했다는 말을 꺼냈습니다. 그러고는 점차 부드러운 말투로 바뀌더니 잠시 후 자기 아이들 얘기까지 들려주더군요. 이윽고 그는 자리를 떠나면서 이 문제는 좀 더 고려해보겠다고 말했습니다. 사흘 후, 다시 찾아온 세무원은 이번 세금 건은 징수하지 않기로 결정했다고 답해주었습니다.”

❋ 인간의 가장 큰 약점은 바로 '자신의 존재감을 확인받고 싶어 한다'는 것이다. 이를 위해 얼마나 많은 이들이 권력과 신분에 기대어 온갖 희생을 치렀던가. 사실, 당신이 그의 자존심을 지켜주기만 한다면 논쟁은 자연스레 끝나게 된다. '당신은 중요한 사람입니다'라는 말에 만족감을 얻은 그는 누구보다 관대하고 친절한 사람이 될 것이다.

2

잘못을
곧바로 지적하지 마라

사람들은 누구나 자신이 옳다고 확신한다. 그러나 좀 더 섬세하고 간접적인 방법으로 의견을 개진하라. 얼굴 표정과 목소리 톤, 손짓만으로도 충분히 상대의 실수를 말해줄 수 있다. 대놓고 잘못을 지적한다고 해서 그가 동의할 것 같은가? 천만에! 상대의 판단력과 자존심, 지성에 불쾌한 흠집을 낼 뿐이다.

확실한 실패

뉴욕의 젊은 변호사 S씨가 대법원에서 변호를 맡고 있을 때의 일이다. 이 안건에는 거액의 돈과 함께 중요한 법률적 해석문제가 걸려있었다. 당시 치열한 변론이 펼쳐지던 중에 재판장이 S씨에게 말했다.

"해군법의 제소기한이 6년이잖은가?"

잠시 멈칫하던 S씨는 곧바로 그의 말을 정정해주었다.

"존경하는 재판장님, 해군법에는 제소기한이 정해져 있지 않습니다."

"제 말이 끝나자, 법정 안에는 일순간 정적이 흘렀습니다. 모두가 돌처럼 굳어버린 듯했죠."

S씨는 당시 정황을 이렇게 설명했다.

"제가 사람들 앞에서 재판장의 잘못을 지적했던 겁니다. 당시, 전 유리한 증거도 충분히 확보했고 그 어느 때보다 탁월한 변론을 펼쳤습니다. 하지만 재판장을 설득시킬 수는 없었습니다. 존경받는 재판장에게 '당신이 틀렸소.'라고 말하는 엄청난 실수를 저질렀으니까요."

❁ 누구나 실수를 저지를 수 있다. 그러니 지나칠 정도로 솔직하게 상대의 잘못을 지적해줄 필요는 없다. 당신도 틀릴 수 있다는 것을 인정하라. 그리하면 논쟁을 피해 좀 더 객관적으로 볼 수 있을 것이다.

비싼 커튼

한번은 유명한 인테리어 디자이너에게 우리 집 커튼을 주문한 적이 있었다. 그런데 청구된 금액이 너무 많아 깜짝 놀랄 정도였다. 며칠 후, 친구가 집에 놀러와 커튼 가격을 물어보더니 혀를 쯧쯧 차며 말했다.

"뭐라고? 엄청 비싸네. 너 분명 바가지 쓴 거야!"

물론, 그녀의 말이 당연히 맞았다. 청구서를 봤을 때 나 또한 같은 생각이었으니 말이다. 하지만 직접 그런 얘기를 듣고 나니 새삼 기분이 나빠졌다. 그래서 비쌀 만하니까 비싼 거라고 애써 변명 섞인 위안을 둘러댔다. 이튿날, 집에 놀러온 또 다른 친구는 커튼을 보고 감탄해마지 않았다.

"와, 정말 근사하다! 나도 저런 커튼이 있었으면 정말 좋겠다!"

이 말에, 난 어제와는 전혀 다르게 반응했다.

"사실, 이 커튼 바가지 쓴 것 같아. 너무 비싸서 좀 후회된다."

❀ 잘못을 저질렀을 때는 스스로도 인정할 수 있다. 물론 직접적으로 언급하지는 않더라도 말이다. 하지만 누군가 적나라하게 잘못을 들추어낸다면 이런 마음마저 사라져버릴 것이다.

친구의 고마운 충고

벤자민 프랭클린은 자서전에서 어떻게 자신의 비판적인 성격을 고쳐 미국 역사상 가장 유능한 외교관이 될 수 있었는지 고백을 했다.

그가 아직 실수투성이였던 젊은 시절, 한 교회 친구가 그에게 다가와 진중한 어조로 말을 건넸다.

"벤, 자넨 정말 너무하는군. 그렇게 아무 생각 없이 사람들을 비판해대니, 누가 자네 의견을 듣고 싶겠는가? 다들 자네가 없는 게 더 낫다고 말하더군. 아무리 자네가 유식하더라도 알면 얼마나 알겠는가. 게다가 사람들이 자네와 말하는 것을 꺼리니, 지금의 그 얄팍한 지식 이상으로 발전하긴 힘들걸세."

프랭클린은 친구의 충고를 진심으로 받아들여 성공의 발판을 만들었다. 비록 어렸지만 충분히 지혜로웠던 그는 자신의 단점들을 당장 바꾸기로 결심했던 것이다.

"전 절대로 내 의견만을 고집하거나 상대의 의견을 정면으로 반박하지 않는다는 한 가지 원칙을 세웠습니다. 그래서 '확실히', '의심할 여지없이' 등의 단정적인 어조 대신, '제가 생각하기엔', '제가 알기로는' 등의 완곡한 표현을 사용하기로 했습니다.

그리고 누군가 제 잘못을 지적하면 그 자리에서 반박하기보다는 에둘러 말하기로 했습니다. '어떤 경우에는 당신의 의견이 옳을 수도 있지만 현재 제 생각은 조금 다릅니다.'라는 식으로 말입니다.

얼마 후, 제 삶은 확연히 달라졌습니다. 사람들과 더욱 조화롭게 그리고 유쾌하게 지낼 수 있게 되었지요. 제가 겸손한 태도로 의견을 제시할 때면 사람들은 훨씬 관대하게 받아들였습니다. 그래서 설사 틀렸더라도 좀 덜 난처해할 수 있었고, 옳은 의견을 설득시키는 것 역시 훨씬 쉬워졌습니다.

처음에 이 습관을 들일 때는 심한 내적 갈등을 겪어야 했지만, 시간이 지날수록 점차 자연스러워졌습니다. 지난 50년간, 전 단정적인 말을 삼갔고 이 덕분에 사람들의

열렬한 지지를 얻을 수 있었습니다. 말재간도 없고 빈틈
도 많은 제가 말이지요."

❀ 현명한 자들은 자신의 약점을 적절히 보완하는 한편 타인에게도 배울
줄 안다. 처음 변화를 시도할 때는 힘들지만 곧 편안해진다. 이렇게 인생
의 성공 습관을 차근차근 키워가는 것이다.

가치 있는 인내

뉴욕에 사는 마호니 씨는 정유업 관련 특수 장비를 생
산, 판매하는 일을 했다. 어느 날, 롱아일랜드에 있는 고
객에게 주문을 받았고 이어 제품 설계에 승인을 받은 후
생산에 들어갔다. 그런데 이때 예상치 못했던 일이 벌어
졌다.

고객이 친구들과 주문 제품에 대해 상의할 때, 친구들
이 이건 너무 넓고, 저건 너무 좁다는 둥, 여긴 좀 잘못된
것 같다는 둥 온갖 지적을 쏟아낸 것이었다. 순간 불안해
진 고객은 마호니 씨에게 전화를 걸어 이미 제작에 들어
간 제품을 구매하지 않겠다고 통보했다.

"설계도를 정밀하게 검토했지만 우리 생산설비에는

지표상 아무런 문제가 없었습니다. 고객 측에서 제작과정에 대해 제대로 알지 못했던 것이지요. 하지만 '당신이 잘못 판단하신 겁니다.'라고 말할 수는 없었습니다. 그래서 전 롱아일랜드에 있는 그의 사무실로 직접 찾아갔습니다. 그는 저를 보자마자 잡아먹기라도 할 것처럼 매서운 질책을 퍼부었습니다. 그러고는 '이제 어찌할 작정이오?'라고 묻더군요.

전 침착하게 어떤 요구든 그대로 따르겠다고 말했습니다. '분명히 사장님의 요구에 맞는 설비를 제작해야지요. 지금 제작 중인 설비가 마음에 들지 않으시면, 새로운 설계도를 주십시오.

이미 투입된 2천 달러를 손해 보는 한이 있더라도 다시 제작해드리겠습니다. 하지만 이건 분명히 말씀드리죠. 새로운 설계에 따라 제작했을 시, 발생하는 문제는 사장님께서 책임지셔야 합니다. 물론, 기존 설계대로 제작을 할 경우에는 저희가 모든 책임을 지겠습니다.'

제 설명에 화가 누그러진 고객은 '좋소, 기존 설계대로 합시다. 하지만 정말 문제가 생긴다면 당신에게 모든 책임을 묻겠소.'라고 말했습니다. 결국 제품생산은 아무 문제 없이 마무리되었고 이어 그는 설비제품을 두 개나 더 주문해왔습니다.

그 고객이 저에게 분노를 터뜨리고 심지어 주먹까지 휘두르려고 할 때, 전 온 힘을 다해 참아야 했습니다. 하지만 결과적으로는 충분히 인내할 가치가 있었던 셈이지요.

만약 제가 그의 잘못을 낱낱이 지적했다면 치열한 논쟁이 벌어졌겠지요. 아마 소송까지 불사했을지도 모릅니다. 그랬다면 결국 엄청난 금전적 손해를 보고 중요한 고객까지 잃어버렸겠지요. 상대방의 잘못을 지적하는 게 결코 현명한 일은 아니라는 걸 이번 기회에 절실히 깨달았습니다."

❀ 용감하게 잘못을 시인하라. 그러면 부끄러움이나 죄책감을 털어버린 채, 보다 수월하게 문제를 해결할 수 있을 것이다.

3

스스로
잘못을 인정하라

모두를 감싸 안으면서 갈등을 해결할 수 있는 방법이 있다. 상대가
실수를 저질렀을 때는 넌지시 알려주되, 당신이 잘못했을 때는 먼저
스스로를 반성하라.

관대한 경찰

우리 집은 뉴욕시 중심 번화가에 위치해 있지만 운 좋
게도 근처에 드넓은 수풀이 펼쳐져 있다. 봄이 되면 온갖
야생화가 피어나고 다람쥐들이 뛰어 노는 이곳은 원시
그대로 보존된 '숲의 공원'이다. 콜럼버스가 신대륙을 발
견할 당시에도 지금과 같은 모습이었으리라.

나는 종종 보스턴산 불독 렉스를 데리고 공원을 산책

하는데, 그곳에는 오가는 사람이 거의 없어 목줄을 묶거나 입마개를 씌우지 않고 데리고 다닌다.

그러던 어느 날, 공원에서 거들먹대는 기마경찰과 마주쳤다.

그는 큰 목소리로 소리쳤다.

"공원에 개를 풀어놓으면 어떻게 합니까? 목줄이랑 입마개도 안 했군요! 이거 위법인 거 모르셨습니까?"

"네, 알고 있습니다. 하지만 사람을 물진 않습니다."

그러자 그 경찰은 말도 안 된다는 듯이 엄한 목소리로 다그쳤다.

"그건 당신 생각이지요! 법에서 당신 생각 같은 건 아무 의미가 없어요. 혹시라도 다람쥐나 아이를 물면 어떡합니까? 이번에는 그냥 넘어가지만 다음번에 또 적발되면 그땐 법대로 하겠습니다."

난 알겠다고 고개를 끄덕였다. 그 후로 난 경찰과의 약속을 지키려고 노력했다. 하지만 렉스는 입마개를 싫어했고 나 역시 억지로 씌우고 싶은 생각이 없었다. 결국, 몰래 나가보기로 했고 요행히 몇 번은 들키지 않고 무사히 넘어갔다.

하지만 언덕길에서 렉스와 달리기를 하던 그 날, 갑자기 우리 앞에 예전의 그 기마경찰이 나타났다. 아무것도 모르는 렉스는 경찰관을 향해 꼬리를 흔들며 달음질치는 것이 아닌가. 낭패감에 당황한 나는 두말없이 잘못을 시인했다.

"경찰관님, 잘못했습니다. 지난번에 경고하셨는데도 제가 또 그냥 나왔네요. 이젠 어떤 처벌이든 달게 받겠습니다."

그러자 경찰관은 부드러운 목소리로 말했다.

"아, 근처에 사람도 없는데요, 뭘. 조그만 강아지가 뛰어다니는 거야 뭐 어떻습니까!"

"네, 그렇긴 하지만 법을 어겼으니…."

"이렇게 작은 강아지가 누굴 물진 않겠지요."

"하지만 다람쥐를 물지도 모르는데…."

"뭘 그리 심각하게 생각하십니까? 그럼, 이렇게 하죠. 제 눈에 띄지 않게 저 언덕 너머로 가세요. 그러면 된 겁니다."

그 경찰 역시 보통 사람들처럼 존재감을 확인받고 싶었던 것이다. 그래서 내가 잘못을 인정하자, 생각지도 못한 관대한 호의를 베풀어 준 것이었다. 만약 내가 그 경찰과 논쟁을 벌였다면 어떻게 되었을까?

하지만 난 정면충돌을 벌이는 대신 그의 절대적인 권위를 인정하고 이어 내 잘못을 솔직히 시인했다. 그러자 경찰은 예전의 그 권위적이고 위압적인 태도를 버리고 더없이 관대하고 친절한 모습을 보였다. 바로 이렇게 렉스 사건은 원만히 해결되었다.

❀ 인간이라면 누구나 '존중받고 싶어 하는' 본성이 있다. 그러니 당신이 스스로의 잘못을 시인한다면, 상대는 오히려 더욱 관대한 태도로 당신을 감싸줄 것이다. 이렇게 해야 스스로의 자비심을 보일 수 있으니 말이다. 하지만 당신이 잘못을 회피하려 논쟁을 벌인다면 이와 정반대의 결과를 초래하게 되리다.

먼저 질책하기

상업미술가 워렌 씨는 내게 까다로운 고객을 어떻게 다루는지에 대해 이야기해주었다.

"광고나 출판용 그림은 간결하고 명확하게 메시지를 전달할 수 있어야 합니다. 간혹 미술 편집자들이 촉박하게 일을 맡길 때가 있는데, 그럴 땐 시간이 없으니 실수를 저지르기도 하죠.

그런데 제가 아는 편집자 중에 항상 트집을 잡아대는 사람이 있습니다. 그 사람을 만나고 나면 완전히 맥이 빠지고 기분이 상하고 말죠. 사실, 까다로운 것 자체는 별 문제가 아닌데 그걸 표현하는 방식 때문에 불쾌해지는 겁니다.

얼마 전, 급하게 완성된 그림원고를 보내자마자 전화가 걸려오더군요. 그는 지금 당장 사무실로 오라고 외쳤습니다. 아니나 다를까, 그 편집자는 그야말로 살기등등하게 마치 절 잡아먹을 듯이 쳐다보더군요.

그때 전 종전과는 다른 태도로 이 문제를 받아들이기로 했습니다. 그래서 그가 소리 지르기 전에 먼저 말했습니다.

'화나신 것 압니다. 제가 잘못했으니 변명의 여지도 없지요. 이렇게 오랫동안 제게 일을 맡겨주셨는데 좀 더 잘하지 못해서 죄송합니다.'

그러자 그는 자책하는 절 물끄러미 바라보다가 조금 미안해졌는지 다소 누그러진 목소리로 대답했습니다.

'그렇게 엉망은 아닙니다. 그저 손볼 곳이 몇 군데 있습니다만….'

'그래도 실수는 실수지요. 불쾌하게 해드려 죄송합니다.'

그는 뭐라고 말을 하려 했지만 전 오히려 계속 스스로를 질책했습니다. 난생 처음 하는 경험이었지만 그다지 나쁘진 않더군요.

'평소에 제게 신경도 많이 써주시는데 최고로 해드려야 옳지요. 좀 더 주의했어야 하는데 죄송합니다. 그럼 이 그림은 다시 그려다 드리겠습니다.'

그러자 그는 고개를 절레절레 흔들며 말하더군요.

'아니요, 아닙니다! 그럴 필요까지는 없어요.'

그리고 심지어는 일부만 수정하면 되니 별일 아니라며 절 안심시키기까지 했습니다.

'이런 일로 회사에 손해날 일은 없으니 너무 그렇게 염려할 필요 없어요.'

이렇게 제가 잘못을 스스로 뉘우치자 그는 더 이상 화를 내지 않았습니다. 그날, 결국 그는 제게 식사를 대접해주었고 헤어지기 전에 수표 한 장과 함께 새로운 일거리까지 맡겨주었습니다.

🌸 뭔가 잘못된 일을 했다면 스스로 먼저 질책하고 반성하는 것이 어떠한가? 이것이 차라리 타인에게 비난받는 것보다 낫지 않겠는가? 질책당하기 전에 먼저 잘못을 인정하라. 그러면 상대는 오히려 쉽게 당신을 용서해줄 것이다.

할 말이 없게 만든 편지

앨버트 허바드는 '마음을 움직이는 저돌적인' 문체로 유명한 작가였으나, 종종 지나치게 신랄한 문체 때문에 사람들의 격렬한 비난을 받기도 했다. 하지만 처세술에 능했던 그는 적을 친구로 만드는 뛰어난 재능을 갖고 있었다.

어느 독자가 분노에 가득 찬 편지를 보냈을 때, 허바드는 아래와 같은 답장을 보냈다.

"… 그렇습니다. 다시 곰곰이 생각해보니 제 자신도 동의할 수 없겠더군요. 생각이란 변하잖습니까? 어제 쓴 글도 오늘은 마음에 들지 않을 수 있거든요. 어쨌든, 이 문제에 대한 선생님의 의견을 알고 싶습니다. 혹시라도 저희 마을에 오실 일이 있다면 시간을 내어 한 번 들러주십시오. 허심탄회하게 이야기라도 나눠보면 어떨까요? …"

이렇게 공손한 편지를 받고서 더 이상 어떤 말을 할 수 있겠는가?

자, 정답은 네 글자이다. 할 말 없음!

❀ 당신이 옳다면, 상대를 배려하는 완곡한 어조로 동의를 구해보자. 하지만 당신이 틀렸을 때에는(이런 경우는 생각보다 훨씬 자주 발생하는 일이다) 재빨리 솔직하게 잘못을 인정하라. 그러면 변명을 늘어놓을 때보다 훨씬 많은 것을 얻을 수 있다.

늘어나는 단골 고객

하워드는 자동차를 판매하는 세일즈맨이다. 그는 내게 말했다.

"자동차 세일즈 업무는 스트레스가 너무 심합니다. 고객들이 불평을 늘어놓을 때조차 웃어야 하니까요. 그런데 제가 도통 그런 쪽에 소질이 없어선지 고객들과 자주 다투게 됩니다. 매출도 자꾸 떨어지고요."

하지만 세미나에 참여한 후, 그는 조금 다른 방법을 시도해보기로 했다. 고객에게 "번거롭게 해드려 죄송합니다. 혹시 불편하신 사항이 있으면 언제라도 말씀해주세요."라고 말한 것이었다. 그러자 고객들은 금세 화를 누그러뜨렸다.

"고객의 화를 풀어주자 일은 쉽게 해결되었습니다. 많은 분들이 제 사과에 깊은 인상을 받았다더군요. 심지어 새 차를 구입하려는 친구를 소개시켜 주신 고객도 계십니다. 덕분에 치열한 경쟁 속에서도 제 단골고객은 점점 늘어났지요. 고객을 더 존중하고 배려하는 것이 궁극적으로 승리하는 방법임을 깨달았습니다."

❀ 소크라테스는 제자들에게 이런 교훈을 남겼다. "내가 아는 단 한 가지는 내가 아무것도 모른다는 사실이다." 하물며 소크라테스도 그러한데 보통 사람들이야 두말할 필요가 있겠는가? 그러니 상대의 잘못을 지적하기보다는 이렇게 말하라. "제가 틀릴 수도 있죠. 가끔 실수를 하기도 하니까요. 자, 무엇이 문제인지 다시 한 번 생각해봅시다." 당신의 말에 반박하는 자는 그 어디에도 없을 것이다.

실수를 인정한 문제 해결

브루스 하비는 휴가 중이었던 직원에게 급여를 전액 지급하는 실수를 저질렀다. 이에 하비는 곧 해당 직원을 불러 다음 달 급여에서 초과분을 삭감 지급하겠다고 설명했다. 그러자 직원은

"그러면 제가 곤란해집니다. 분기에 나눠서 삭감하면 안 될까요?"라고 요청했다.

그러나 이 절차를 시행하려면 반드시 사장님의 허가를 받아야 했다.

"전 분명 사장님이 싫어하실 걸 알았지만 이건 제 잘못이었고 사장님께 자초지종을 설명해드려야 했습니다. 그래서 '제가 실수했습니다.'라는 말과 함께 전체 상황을 말씀드렸습니다. 그러자 사장님은' 그건 인사부가 잘못한 게 아닌가!'라며 화를 내시더군요. 전 재차 제 잘못이라고 말씀드렸습니다. 그랬더니 이번에는 회계부서의 부주의 탓으로 돌리시는 게 아닙니까. 전 다시금 제 실수라고 말씀드렸지요. 이어 사장님은 사무실의 다른 동료를 질책하려 하셨지만 '제 잘못입니다'라는 계속되는 해명

에, 결국 '알았네. 자네가 잘못했으니 빨리 문제나 해결하게나.'라고 말씀하셨습니다. 문제는 별 탈 없이 순조롭게 해결되었습니다. 용감하게 책임을 떠안은 제 자신이 참 뿌듯하고 자랑스럽더군요. 그일 이후로 사장님께선 절 더욱 신임하십니다."

❀ 용감하게 잘못을 시인하라. 그러면 부끄러움이나 죄책감을 털어버린 채 보다 수월하게 문제를 해결할 수 있다.

위대한 인물

남북전쟁 시기에 남부 연합군 총사령관 로버트 E. 리 장군은 피케트의 게티즈버그 전투 패배를 자신의 책임으로 돌리는 영웅다운 면모를 보여주었다. 그 해, 피케트가 지휘한 게티즈버그 전쟁은 서양역사에 길이 남을 훌륭한 전투였다.

그 비극적인 7월 어느 오후, 그는 수많은 병사들의 환호성을 받으며 적진을 향해 내달렸다. 피케트를 위시한 남부 연합군은 마치 영화의 한 장면처럼 장엄하게 돌진했고 이 모습을 바라보던 북부 연합군에서는 감탄사가 터져 나올 정도였다.

이들은 적들의 거센 대포반격에도 아랑곳하지 않고 과수원과 들판을 지나 앞으로 전진해갔다. 바로 그 순간, 산등성이에 매복해있던 북부 연합군이 무방비상태의 피케트 부대에 맹렬한 사격을 퍼부었다.

산등성이는 삽시간에 불바다로 변했고 차마 눈뜨고 볼 수 없을 정도의 참혹한 광경이 펼쳐졌다. 피케트가 이끄는 5천 대군은 전멸하다시피 했지만, 잔여 병력을 데리고 간신히 산등성이를 넘은 피케트는 날카로운 검을 휘두르며 있는 힘을 다해 소리쳤다.

"형제들이여, 돌격하라!"

남은 군사들의 사기는 하늘을 찌를 듯 높았고 곧 북부 연합군과의 피비린내 나는 육박전이 벌어졌다. 결국 남부 연합군은 산 정상에 승리의 깃발을 꽂고야 말았다. 하지만 빛나는 승리도 잠시, 피케트의 돌격전은 결국 남부 연합군의 패배로 끝나고 말았다. 이들은 북부 연합군의 방어선을 도저히 뚫을 수 없었던 것이다.

비통함에 젖은 리 장군은 남부 연맹정부 대통령이었던 제퍼슨 데이비스에게 더 젊고 유능한 사령관을 파견해 달라는 말로 사의를 표명했다. 사실, 리 장군은 패배의 책임을 타인에게 돌릴 수도 있었다. 당시 지휘관이 책임을 다하지 않았으며 기마부대 지원병이 너무 늑장을 부렸던 탓도 있었기 때문이다.

하지만 리 장군은 그렇게 하지 않았다. 피케트 장군의 패잔병들이 부대로 돌아왔을 때, 그는 홀로 나아가 그들을 맞이했다.

그리고 통렬한 표정으로 자책했다.

"이는 모두 나의 책임이오. 내가 모든 것을 책임지겠소."

❧ 리 장군이 피케트에게 패전의 책임을 떠넘기려고 했다면 수십 가지의 핑계를 댈 수 있었을 것이다. 하지만 리 장군은 그 역사적인 순간의 책임을 떠맡았던 인물이었다. 이제는 누구도 그를 패배자라고 생각하지 않는다. 아니, 오히려 더없이 위대한 인물의 상징으로 새로이 회자되고 있다.

4

부드럽고 온화한 표현으로
상대의 감정을 보듬어라

> 상대가 불쾌해할 때에는 아무리 명확한 논리로 주장한다 해도 설득
> 이 힘들다. 그러니 상대에게 더없이 친절하고 부드럽게 대하라. 동
> 조를 이끌어내기가 한결 수월해질 것이다.

록펠러의 놀라운 연설

1915년, 록펠러는 콜로라도 주에서 '가장 나쁜 놈'으로
꼽혔다. 당시에는 미국 역사상 최악의 파업사태가 장장 2
년 동안 지속되고 있었다. 분노한 광부들은 록펠러가 소
유한 콜로라도 석탄 철강회사에 '임금을 인상하라'며 격
렬하게 요구했다.

이들은 심지어 회사의 기물을 파괴했고, 이 때문에 군

부대까지 동원되어 시위를 진압해야 했다. 유혈사태가 연이어 발생하면서 적지 않은 광부들이 사살되었다. 양측의 팽팽한 긴장감 아래, 원망과 분노의 불길이 온 도시를 감싸고 있었다.

바로 이때, '나쁜 놈' 록펠러의 뛰어난 연설 덕분에 순식간에 파업참가자들의 분노가 잦아들었다. 심지어 그에게 동조하는 시위자들도 생겨났다. 록펠러는 무척 진지하고 진실한 자세로 광부들과 소통을 시도했고 결국 파업참가자들은 하나둘씩 각자의 자리로 되돌아갔다. 파업의 가장 큰 원인은 임금문제였으나 더 이상 이 말을 꺼내는 사람은 없었다.

자, 록펠러의 청중이 바로 분노에 날뛰던 광부들이었음을 기억해보자. 이들은 심지어 록펠러를 사과나무에 매달아 죽이겠다고 공언했던 사람들이었다. 그럼에도 불구하고 록펠러는 무척이나 겸손하고 온화한 태도로 이들에게 다가섰다.

그는 연설 중에 "이 자리에 서게 되니 무척 영광입니다.", "여러분의 가정을 방문하여", "여러분의 가족들을 만나고", "우리는 이곳에서 친구로 만난 것입니다.", "상호 우호적인 정신을", "모두의 이익을 위해", "여러분 덕분에 제가 이 자리에 설 수 있었으니" 등의 어구를 사용했다.

록펠러의 연설은 아래와 같다.

"오늘은 제 인생에 있어 무척 특별한 날입니다. 이렇게 회사 측의 노동자대표, 직원 및 임원들을 한 자리에서 뵙게 되는 영광을 누리니 아마 오늘을 영원히 잊지 못할 듯합니다. 만약 우리가 2주 전에 이렇게 모였더라면, 전 그저 얼굴 정도나 아는 낯선 사람에 불과했을 겁니다.

하지만 지난 2주 동안, 전 남부 탄광지역을 방문해 그곳 대표 분들과 대화를 나누는 한편 여러분의 가정을 방문해 가족들과의 조촐한 만남도 가졌습니다. 그러니 이제 우리는 더 이상 낯선 사람이 아닌 친구로서, 이 자리에 다시 만난 것입니다. 이 같은 상호 우호적인 분위기 속에서 모두의 공동 이익에 대해 말할 수 있어 정말 기쁘게 생각합니다.

이 모임은 회사 직원과 노동자 대표들의 자리이기에, 제가 이 자리에 설 수 있는 것은 모두 여러분의 덕분입니다. 전 비록 직원도 노동자 대표도 아니지만 공장의 주주와 이사회를 대표하는 사람으로서 여러분과 친밀한 관계를 맺고 있다고 생각합니다."

이것이야말로 적을 친구로 만드는 놀라운 기술이지 않은가?

만약 록펠러가 다른 방법을 택했다면, 예를 들어 그들이 직면한 상황과 위기를 지적하며 파업자들과 논쟁을 벌였다면, 혹은 당시 파업의 책임을 물어 엄중히 질책했다면 상황은 어찌되었을까? 아마 더 극렬한 분노와 원망의 불길이 치솟아 상황은 더욱 악화되었을 것이다.

❀ 우드로 윌슨은 이런 말을 했다. "당신이 두 주먹을 불끈 쥐고 온다면 난 더 굳게 주먹을 쥘 것이다. 하지만 내게 '앉아서 천천히 이야기해봅시다. 우리 생각이 다른 이유는 어디에 있을까요?'라고 말한다면 곧 '우리 생각에 차이점보다 공통점이 더 많음'을 알게 될 것이다." 록펠러는 바로 이 방법을 이용한 것이다.

까다롭기로 유명한 고집쟁이

엔지니어인 스트러브는 집세를 깎고 싶었으나, 집주인은 까다롭기로 유명한 고집쟁이였다. 그는 세미나에서 다음과 같은 이야기를 들려주었다.

"전 집주인에게 계약기간이 다 되어 다른 아파트로 이사를 가야겠다고 편지를 썼습니다. 사실, 솔직히 이사를 가긴 싫었습니다. 집세를 깎아준다면 계속 살고 싶었지요. 하지만 이 까다로운 집주인은 집세를 깎아준 적이 단 한 번도 없었다더군요. 게다가 사람들은 그를 '다루기 힘든 사람'이라며 치를 떨었습니다. 어쨌든 전 세미나에서 배운 것을 시험해보기로 했습니다.

집주인은 편지를 받자마자 비서와 함께 절 찾아왔더군요. 전 그를 반갑게 맞이하며 제가 얼마나 이 아파트를 좋아하는지에 대해 이야기했습니다. 그리고 그가 무척 효율적으로 빌딩을 관리하고 있다는 칭찬도 늘어놓았지요. 이때까지도 전 집세에 대해서는 한 마디도 하지 않았습니다. 다만 계속 살고 싶지만 그럴 형편이 되지 않는다고 말했지요.

집주인은 저처럼 호의적인 세입자는 처음 만나보는 듯 약간 당황하기까지 했습니다. 그러고는 지난 번 세입자들에 대해 불평을 늘어놓기 시작했습니다. 그들은 자기만 보면 불만을 늘어놓기 일쑤이며 심지어 항의편지를 열네 통씩이나 보낸 사람도 있었다고요. 어떤 세입자는 위층의 코고는 소리 때문에 시끄러우니 계약을 해지하겠다고 위협하기까지 했답니다.

이윽고 집주인은 이렇게 좋은 세입자를 만나기도 쉽지 않은데 혜택을 줘서라도 붙잡아야 된다면서 제가 얘기를 꺼내기도 전에 집세를 깎아주겠다고 했습니다. 하지만 그가 제시한 금액 역시 제가 감당하기엔 좀 많은 액수였습니다. 결국 전 솔직히 제가 낼 수 있는 금액에 대해서 차분히 말했고 그는 제 제안을 받아들였습니다.

집주인은 자리를 뜨면서 '수리나 보수가 필요한 부분이 있으면 말씀하세요.'라고 말했습니다.

제가 만약 예전 세입자들처럼 집주인에게 접근했다면 분명 실패하고 말았을 겁니다. 하지만 진심이 담긴 따뜻한 마음으로 솔직히 대하니, 만족스러운 소기의 성과를 거둘 수 있었습니다."

❀ 야단만 치는 부모님, 안하무인 직장상사 그리고 잔소리만 늘어놓는 부인을 완전히 바꿀 수 있을까? 사람의 생각은 여간해서 바뀌지 않으며 강제적으로는 더욱 불가능하다. 그러니 방법을 바꾸어 보라. 우호적인 태도로 칭찬과 동의를 표한다면 마치 꿀에 벌이 날아들 듯 그들의 마음을 사로잡을 수 있으리라.

에밀에게 건 마법

롱아일랜드 가든 시티에 사는 도로시 데이 부인은 사교계의 유명인사로, 그간에 겪은 많은 이야기들을 들려주었다.

"얼마 전, 몇몇 지인들을 초대해 오찬모임을 함께했습니다. 저에게는 무척 중요한 행사였기에 만반의 준비를 해두려 온갖 노력을 기울였지요. 보통 이런 모임에는 집사 에밀이 절 도와주곤 했는데 이번에는 정말 실망스러웠습니다.

오찬 요리는 완전히 엉망인데다 웨이터도 달랑 한 명뿐이었습니다. 게다가 그 웨이터는 고급연회의 기본도 모르는 신출내기더군요. 기분이 엉망진창이었지만 손님들 앞이어서 억지로 웃을 수밖에 없었습니다. 전 어금니를 악물며 중얼거렸지요.

'감히 이 따위로… 에밀, 어찌되는지 두고 봐라!'

다음 날, 전 인간관계론에 대한 세미나에 참석했습니다. 그리고 에밀에게 책임을 돌려봤자 별 소용이 없다는 것을 깨달았지요. 잠시 제 화풀이는 할 수 있겠지만, 마음을 상한 에밀은 더 이상 절 성심성의껏 돕지 않을 테니까요.

그래서 생각을 바꿔 에밀의 입장에서 생각해봤습니다. 사실, 에밀이 직접 요리를 망친 것도 아니었고 멍청하고 답답한 웨이터 역시 엄밀히 말해 그의 탓은 아니었지요. 실제로 에밀도 이 일 때문에 골치를 썩이고 있을지 모르잖습니까? 전 너무 성급히 화를 내는 게 아닌가, 너무 엄격히 대하는 건 아닌가를 반성해 봤습니다. 그리고 이 일이 있기 전과 마찬가지로 그의 노고를 칭찬해주기로 했습니다. 결과는 물론 훌륭했지요.

다음날에 에밀이 절 만나러 왔을 때, 그는 이 일에 대해 구구절절 변명을 늘어놓을 작정이었나 봅니다. 하지만 전 부드럽게 말했습니다.

'에밀, 내가 모임을 주최할 때는 에밀이 그 자리에 있어줬으면 좋겠어요. 뉴욕 최고의 집사인 에밀이 곁에 있어야 든든하거든요. 그날 요리는 분명 에밀의 탓이 아니라고 생각해요. 당신 역시 마음이 편치 못했겠죠.'

그러자 찌푸렸던 에밀은 금세 환하게 웃으며 대답했습니다.

'네, 부인. 그 골칫거리 웨이터도 저로서는 어쩔 수가 없었습니다.'

'에밀, 또 다른 연회를 준비 중인데 조언을 부탁해요. 그리고 그 웨이터는 계속 써도 괜찮을까요?'

제 물음에 에밀은 고개를 끄덕이며 말했습니다.

'부인, 걱정 마세요. 두 번 다시 그런 일은 없을 겁니다.'

그로부터 일주일 후 오찬모임을 준비할 때, 에밀은 제게 식단의 재료 목록까지 상세히 알려주었습니다. 전 더이상 예전의 잘못은 추궁하지 않은 채 적잖은 팁까지 지불했지요.

식탁 위에는 손님들을 반기는 장미꽃다발이 놓여있었고, 에밀은 줄곧 자리를 지키며 시중을 들어주었습니다. 격조 높고 세심한 서비스에 맛깔스럽고 깔끔한 요리까지, 모든 것이 완벽했습니다. 네 명이나 되는 웨이터가 식사 내내 서비스를 해주었고, 마지막에는 에밀이 직접 디저트를 서빙해주더군요.

오찬이 끝난 후 그 자리에 참석했던 귀빈 한 분이 '대체 무슨 마법을 부리신 겁니까? 이렇게 훌륭한 오찬은 처음입니다.'라고 하셨습니다.

그 말은 사실이었죠. 전 에밀에게 호의와 칭찬이라는 마법을 걸었으니까요."

✼ '해님과 바람'이라는 우화를 아는가? 태양과 바람은 누가 먼저 노인의 외투를 벗기는가를 두고 내기를 걸었다. 먼저 바람이 있는 힘껏 숨을 내뿜자 노인은 오히려 옷을 단단히 여몄다. 하지만 태양이 따뜻한 기운을 내뿜자 노인은 스스로 옷을 벗었다. 보라, 온화한 호의는 광폭한 분노보다 훨씬 강력하다.

5

소크라테스처럼
대화하라

당구를 쳐본 적이 있는가? 목표지점을 향해 무작정 공을 치면 오히려 탄성을 받아 그대로 되돌아오기 일쑤이다. 하지만 살짝 비껴간 지점을 목표로 삼으면 원하는 방향으로 공을 보낼 수 있다.

조금 특별한 말투

그리스의 철학자 소크라테스는 왕성한 호기심과 기이한 행동, 심오한 사상으로 세계철학사의 대 스승으로 알려져 있다. 또한 인류의 문명을 이끌어 온 세계에서 가장 영향력 있는 사상가로 끊임없이 추앙받고 있다.

그렇다면 소크라테스는 어떤 방법으로 사람들을 이끌었을까? 그들의 잘못을 신랄히 비판했을까? 아니다. 소크라테스는 절대로 그렇게 하지 않았다.

오늘날 '소크라테스의 변증법'이라 일컬어지는 대화법은 사람들에게 '네, 네'라는 대답을 이끌어내는 데서 시작된다. 즉, '네'라고 대답할 수밖에 없는 질문을 계속하면서 어느덧 반대자의 찬성을 이끌어내는 방법이다.

❋ 얼굴이 빨개질 때까지 싸우느니 차라리 전략적인 대화법을 시도하라. 만약 상대가 틀렸다면, 그리고 잘못을 정정해주고 싶다면, 긍정적인 어조로 말하라. 그러면 상대는 경계심을 늦추고 당신의 길을 따를 것이다.

'네, 네' 대화법

뉴욕의 한 은행에서 출납원으로 일했던 에버슨 씨는 '네, 네' 대화법을 이용해 단골고객을 확보할 수 있었다.

"고객 한 분이 은행계좌를 개설하기 위해 오셨길래, 전 규정에 따라 계좌신청양식을 건네 드렸죠. 그런데 그 분은 다 채우지도 않은 신청서를 주시며 '이 질문들은 답하고 싶지 않소.'라고 말했습니다.

만약 제가 이 세미나에 참석하기 전에 그 분을 만났더라면, 당연히 '신청서 양식을 채우지 않으면 계좌를 개설하실 수 없습니다.'라고 대답했겠죠. 그렇게 제 권위를 내세우며 득의양양했을 겁니다. 하지만 그날, 전 '네, 네' 대화법을 사용해보기로 결심했습니다. 그래서 고객의 입장에 서서 대화를 시작했지요.

'네, 신청서를 쓰는 건 좀 번거로운 일이죠. 여기 이 칸은 그냥 남겨두셨네요? 뭐 큰 문제는 없지만요… 하지만 혹시 선생님께서 돌아가셨을 경우에 그 예금을 상속자나 친족들의 명의로 전달해야지 않을까요?'

'물론이오.' 그 고객은 당연한 듯 대답하시더군요.

'그러시다면 이곳 친족 성명 란에 기본 정보를 주시면 저희가 곧바로 이분께 전달해 드리겠습니다.'

'좋소, 그렇게 하지요.'

그 고객 분은 은행이 아닌 자기 자신을 위해 상세정보가 필요하다는 사실을 깨닫고 점차 기분이 누그러지셨습니다. 그리고 신청서의 빈칸을 다 채운 후에는 제 권고에 따라 어머니의 신탁 계좌까지 개설하셨지요. 그렇게 긍정적인 어조로 대화를 시작하니 제 의견을 납득시키기도 훨씬 쉬웠습니다."

❋ 당신의 학생, 고객, 남편 혹은 부인에게 일단 '아니오'라는 말이 나온 후에는, 이를 긍정으로 바꾸기 위해 엄청난 인내와 지혜가 필요하다. 먼저 '아니오'라는 말이 나왔다면, 혹여 스스로 틀렸다고 생각할지라도 자신의 자존심을 지키기 위해서라도 그 의견을 고집하려 할 테니 말이다.

뜨거운 엔진

웨스팅하우스의 세일즈맨인 조셉 앨리슨 씨는 다음과 같은 이야기를 들려주었다.

"제가 담당한 구역에 한 대기업이 있었습니다. 저희 회사는 이 기업과 거래를 트기 위해 갖은 애를 다 썼었죠. 하지만 제 전임자는 장장 10여 년에 걸친 노력에도 불구하고 단 한 건의 계약도 따내지 못했습니다. 저 역시 3년 동안 그 기업 사장님을 쫓아다녔지만 아무런 소득이 없었지요.

이렇게 13년 동안 졸라댄 결과, 대기업 측에서는 마침내 저희 엔진을 몇 대 구입하여 시험가동을 해보겠다고 했습니다. 만약 이번 거래가 성공적으로 성사된다면 앞으로 수백 대를 팔 수 있는 가능성이 열려 있었지요.

전 자사 엔진에 아무 결함이 없다는 것을 확신하고 있

었기에 한껏 흥이 나서 그 기업체를 찾아갔습니다. 하지만 프로젝트 총괄 엔지니어가 그러더군요.

'앨리슨, 자네 회사 엔진은 살 수 없을 것 같네.'

순간 심장이 철렁 내려앉더군요.

'무슨 일입니까?'

'엔진이 너무 뜨거워서 만질 수가 없네.'

전 논쟁을 해봤자 아무 소용이 없다는 걸 직감했기에 '네'라는 대답을 이끌어내기로 했습니다.

'스미스 씨, 그 말이 맞습니다. 정말 엔진이 너무 뜨겁군요. 전기 제조업협회 기준보다 과열되는 엔진은 구매할 수가 없겠지요?'

그는 고개를 끄덕였고, 전 첫 번째 '네'를 얻어냈지요.

'협회 규정에 따르면, 엔진이 실내온도보다 화씨 72도가량 높아지는 건 괜찮지요?'

'그렇소, 하지만 이 엔진은 그보다 훨씬 더 뜨겁단 말이오.'

전 그와 논쟁을 벌이는 대신 계속해서 질문을 던졌습니다.

'공장 온도가 몇 도지요?'

그는 한참 생각을 하다가 대답했습니다.

'아, 대략 화씨 75도쯤 일거요.'

'아, 실내온도 75도에 72도를 더하면 기체 온도는 147도가 되겠군요. 147도나 되는 뜨거운 물에 손을 넣으면 데지 않을까요?'

'그렇소.'

'그렇다면, 스미스 씨. 엔진에 손을 대지 않는 게 어떨까요?'

'일리가 있는 말이오.'

잠시 후, 그는 비서를 불러 3만 5천 달러어치의 물품을 주문했습니다. 전 그때서야 '논쟁이야말로 가장 비효율적인 해결책'임을 몸소 깨달았습니다. 상대의 입장에서 '긍정'을 이끌어내는 것보다 더 좋은 방법은 없더군요."

❀ 사람들은 흔히들 상대의 의견에 반박하며 자신의 의견을 고집하는 실수를 저지른다. 누군가 의견을 제시할 때, 곧바로 논리, 사실 등을 앞세워 상대를 굴복시키려는 것이다. 하지만 그래보았자 상대는 더욱더 강경해질 뿐이다.

win-win 전략

우리 세미나의 강사인 에디는 사냥을 무척 좋아해서 장비를 구매하는 데 적잖은 비용을 투자하곤 했다.

에디의 동생이 방문했을 때의 일이다. 그는 동생과 함께 사냥을 즐기기 위해 단골가게에서 사냥장비 한 벌을 대여하고자 했다. 하지만 가게 점원은 대여는 하지 않는다고 대답했고 할 수 없이 에디는 다른 가게에 전화를 걸었다.

"무척 쾌활한 목소리의 젊은 남자가 전화를 받더군요. 그는 대여수익이 많지 않아서 활 대여는 하지 않는다고 말하며 미안해했습니다. 그리고 전에 활을 대여한 적이 있느냐고 묻길래 몇 년 전에 그런 적이 있었다고 대답했더니 그는 다시 묻더군요.

'당시에 아마 25달러에서 30달러쯤 줬겠지요?'

'네.'

그러자 그 돈을 아끼고 싶지 않느냐고 물었습니다.

'물론이죠!'

그는 현재 34달러 95센트짜리 풀세트 장비를 판매하

고 있으니 대여료에 4달러 95센트만 더 지불하면 온전히 한 세트를 구입할 수 있다고 말했습니다. 그리고 그렇게 하는 것이 더 저렴하기 때문에 대여 업무를 하지 않는 거라고 설명해주었습니다.

그래서 전 '좋아요, 그렇게 하지요.'라고 대답했습니다.

결국 전 그 가게에서 활 세트를 구입했을 뿐 아니라 몇 가지 장비까지 추가로 구입했습니다. 그리고 그때부터 단골이 되었지요."

❀ 대화를 시작할 때 자기 의견보다는 양측이 동조할 수 있는 이야기를 꺼내어라. 그리고 '우리는 같은 목표를 추구하고 있다. 단지 방법에 차이가 있을 뿐'이라는 생각을 전해주어라.

6

상대에게 말할
기회를 제공하라

우리는 그리 대단한 존재가 아니기에 항상 겸손해야 한다. 100년 후에는 존재조차 까맣게 잊힐 것 아니겠는가! 그 누구도 죽음을 피할 수는 없다. 삶이란 이리 짧고 덧없을진대 아무리 잘났다고 떠들어봐야 무슨 의미가 있겠는가? 차라리 그 시간에 타인의 지혜를 좇는 것이 낫다.

후두염이 가져온 성공

몇 년 전, 미국 최대의 자동차 제조업체에서 향후 1년간 사용할 차량시트용 직물을 구매하기 위해 해당 업체들과 협상을 벌이고 있었다. 당시 이 거액의 계약 건을 두고 세 곳의 직물 제조업체가 경합을 벌였다. 이에 자동차 회사 측은 세 곳의 직물 샘플을 자체적으로 검사할 테니, 각 업체는 정해진 날짜에 최종 프레젠테이션을 할 발표자를 보내라고 요청했다.

이들 가운데 한 업체의 발표자로 나선 G씨는 심한 후두염을 앓고 있었다. 그는 우리 세미나에서 다음과 같은 이야기를 들려주었다.

"제가 회사 임원진 앞에서 발표할 차례가 되었는데 도무지 목소리가 나오지 않더군요. 회의실에는 직물담당 엔지니어, 구매담당 매니저, 세일즈 담당자 및 회사 사장이 앉아 있었습니다.

전 자리에서 일어나 무언가 말하려고 애썼지만 전혀 소리를 낼 수가 없었습니다. 그래서 재빨리 '여러분, 목소리가 나오지 않아 말씀을 드릴 수가 없습니다.'라는 문구를 써서 보여주었지요.

그러자 그 회사 사장이 나서서 '그럼 제가 대신해서 말씀해드리지요.'라고 하시더군요. 그는 샘플의 장점을 설명하면서 철저히 제 입장에서 발표를 진행했습니다. 그리고 토론을 할 때에도 저희 측을 옹호해주더군요. 그러는 동안 전 웃으며 고개를 끄덕이거나 손짓을 하거나 한

게 전부였습니다. 이 특이한 프레젠테이션이 끝난 뒤 마침내 저희 업체가 계약을 따냈습니다. 계약금액만도 160만 달러에 달하는, 총 50만 야드의 시트직물을 납품하게 된 것입니다.

만약 목이 멀쩡했다면 계약을 따내기 힘들었을 겁니다. 전 세일즈에 대해 완전히 잘못 이해하고 있었으니까요. 하지만 이번 기회를 통해 상대에게 말할 기회를 주는 것이 얼마나 중요한지를 깨닫게 되었습니다.

❀ 사람들은 흔히들 달변가가 되면 사람들이 신뢰할 거라고 오해한다. 하지만 실제로는 상대에게 말할 기회를 주는 것이 더욱 가치 있는 선택이다. 많은 이들이 상대를 설득시키지 못하는 이유는 말을 못해서가 아니라 말을 너무 많이 하기 때문이다. 이는 세일즈맨들이 흔히 저지르는 실수이기도 하다.

닭장에 등 달기

필라델피아 전기회사에 근무하는 웨브 씨는 펜실베이니아의 어느 시골지역을 시찰하고 있었다. 그곳은 네덜란드 출신의 부유한 농민들이 거주하는 곳으로 무척 깔

끔하고 정돈된 마을이었다. 어느 멋진 농가 앞을 지나면서 지역담당자에게 물었다.

"왜 사람들이 전기를 사용하지 않나요?"

"이 마을 사람들은 찔러도 피 한 방울 안 나올 사람들이에요. 아무것도 사려고 하지 않습니다. 게다가 저희 회사를 달갑잖게 생각하고 있어서 도무지 설득할 수가 없었습니다."

이 말에 웨브 씨는 한 번 더 시도해볼 요량으로 한 농가의 문을 두드렸다. 문이 빠끔히 열리더니 나이가 지긋한 드러켄브로드 부인이 고개를 내밀었다. 웨브 씨는 당시의 상황을 이렇게 설명했다.

"노부인은 우리가 전기회사 사람이란 걸 눈치채고 곧바로 문을 쾅 닫아버렸습니다. 전 다시 문을 두드렸지요. 부인은 전기회사 따위는 관심이 없다고 말하더군요.

그래서 전 '귀찮게 해드려 죄송하지만, 부인. 전 전기를 팔러온 게 아닙니다. 달걀을 좀 사고 싶어서요.'라고 말했습니다. 그러자 드러켄브로드 부인은 미심쩍은 눈초리로 문을 빠끔 열었습니다.

'부인께선 아주 멋진 도미니크 종 닭을 기르고 계시더

군요. 신선한 달걀을 좀 살 수 있을까요?'

그녀는 문을 활짝 열어젖히고는 호기심 어린 목소리로 물었습니다.

'내가 기르는 게 도미니크 종이란 걸 어떻게 아셨수?'

'저도 닭을 기르거든요. 그런데 이렇게 좋은 도미니크 종 닭은 처음 봅니다.'

부인은 뭔가 의심스러운 듯 계속해서 질문을 해댔습니다.

'집에서 닭을 키운다면서 왜 달걀을 사려는 게요?'

'저희 집 닭은 레그혼종이어서 흰 달걀을 낳거든요. 그런데 케이크를 만들 때는 노란달걀을 쓰는 게 훨씬 맛있잖습니까. 집사람이 케이크 하나는 끝내주게 만들거든요.'

부인은 드디어 온화하기 그지없는 모습으로 대문을 열어주었습니다. 집으로 들어간 저는 농장 마당에서 아주 근사한 외양간을 발견하고는 이렇게 말했습니다.

'드러켄브로드 부인, 남편께서 소를 키우는 것보다 부인께서 닭을 치는 수입이 더 많으실 것 같은데요?'

그녀는 금세 얼굴이 환해지더군요. 실제로 부인이 훨

썬 많은 수입을 얻고 있었음에도 고집쟁이 남편은 그 사실을 인정해주지 않는 듯했습니다. 부인은 흔쾌히 닭장을 구경시켜 주었고 전 그곳 닭장 설비를 둘러보며 칭찬을 아끼지 않았습니다. 우린 어느새 닭을 키우는 경험을 나누는 친구가 되었지요.

마침내 부인은 '옆집 사람이 닭장에 등을 달았더니 수확이 늘었다고 그러던데, 그게 참말이우?'라고 물으며 전등이 과연 효과적인지 궁금해했습니다. 그로부터 2주 후, 드러켄브로드 부인이 기르는 도미니크 종 닭들은 환한 전등 불빛 아래서 모이를 쪼게 되었지요. 이렇게 부인은 더 많은 달걀을 수확했고 전 전기설비를 판매하는 데 성공했습니다.

만약 제가 부인의 생각은 아랑곳하지 않은 채 줄곧 제 얘기만 늘어놓았다면 결코 전기시설을 판매할 수 없었을 겁니다. 이렇게 까다로운 고객에게는 절대 물건을 팔 수가 없습니다. 단지 스스로 물건을 사도록 만드는 거지요."

✤ 양측이 모두 '윈-윈' 할 수 있었던 위의 사례는 깊이 생각해 볼 가치가 있다. 웨브 씨가 노부인의 관심사에 주의를 기울이지 않았다면 결코 전기설비를 판매하지 못했을 것이다. 자, 많은 이들이 선택의 결정권을 상대방에게 쥐어준다 그러고는 상대가 까다롭다며 불평을 해대는 것이다. 그렇다면 넓은 그물을 던져놓고 스스로 들어오도록 만드는 것이 오히려 낫지 않은가?

바로 내가 찾던 사람일세!

뉴욕 어느 유명 일간지의 경제란에 경험이 풍부한 인재를 모집한다는 대대적인 구인광고가 났다. 이를 본 큐벨리스는 곧바로 이력서를 접수시켰다. 며칠 후, 면접을 보러 오라는 통보를 받은 큐벨리스는 월스트리트를 돌아다니며 회사 창립자의 생애와 족적에 대해 샅샅이 조사했다. 이윽고 면접이 시작되었고 그는 이렇게 말문을 열었다.

"귀사의 일원이 될 수 있다면 정말 영광스러울 것입니다. 사장님께서는 28년 전에 달랑 책상 하나와 속기사 한 명만으로 이 사업을 시작하셨다고 들었는데, 그게 정말인가요?"

자수성가형 인물은 대개 자신의 초창기를 되돌아보길 좋아한다. 물론 이 창업주도 예외는 아니었다. 그는 어떻게 단돈 450달러로 회사를 창업했는지에 대해 이야기하기 시작했다. 수많은 시련과 역경을 거치면서, 휴일도 없이 하루에 12시간씩 일하며 결국 성공신화를 만들어낸 것이었다. 그리하여 이제는 월스트리트 최고의 금융가들에게 자문을 해주기에 이르렀다며 사장은 스스로를 무척 자랑스러워했다. 이야기를 마치고 난 사장은 큐벨리스의 이력에 대해 짧게 질문한 뒤, 부사장을 불러 이렇게 말했다.

"바로 내가 찾던 사람일세!"

❋ 상대방의 자랑을 묵묵히 들어줄 수 있는 사람은 거의 없다. 친구들과 함께 있을 때도 자기 얘기만 늘어놓기 바쁘지 않은가. 그러니 별 의미도 없는 자기 얘기를 늘어놓느라 상대를 지치게 만들지 마라.

도와주세요!

대규모 철강회사에 근무하는 애머슨은 브루클린의 한 파이프기사와 거래를 트고 싶어 했다. 하지만 사업적 수완이 뛰어난 이 파이프기사는 애머슨을 보자마자 퇴짜를 놓았다. 게다가 그는 무례하다 못해 난폭하기까지 했다. 당시 거만한 표정으로 담배를 물고 있던 그는 애머슨을 보자마자 소리쳤다.

"귀찮게 할 생각 말고 당장 나가시오. 난 아무것도 필요 없소!"

그 후 애머슨은 '도와주세요!' 전략을 구사하기로 마음먹었다. 당시 애머슨의 회사는 롱아일랜드의 퀸스타운에 지점을 낼 계획이었는데 이곳은 그 파이프기사의 사무실과 무척 가까운 곳이었다. 그래서 애머슨은 다시 그를 찾아가 정중하게 물었다. "선생님, 이번엔 사업 이야기를 하려는 게 아니라 여쭤볼 것이 있어 왔습니다. 오래 걸리진 않을 겁니다."

여느 때처럼 거만하게 담배를 물고 있던 그는 마땅찮다는 듯이 다그쳤다.

"좋소, 무슨 일이오? 빨리 말하시오."

"저희 회사에서 퀸스타운에 지점을 내려고 하는데, 이곳 사정은 선생님께서 제일 잘 아실 것 같아서요. 선생님의 고견을 듣고 싶어서 왔습니다."

이토록 정중하고 진실한 요청을 처음 받아본 파이프 기사는 무척 우쭐한 기분이 들었다. 이렇게 큰 회사의 직원이 내게 조언을 구하다니!

그는 애머슨에게 의자를 권하며 이야기를 시작했다. 퀸스타운에 지점을 내려는 계획에 찬성한 그는 한 시간여에 걸쳐 지점 개설, 물품 조달 등에 관련된 상세 정보까지 꼼꼼하게 알려주었다. 대규모 철강회사에 자문을 해주다니, 그는 무척 중요한 사람이 된 듯한 기분에 절로 어깨가 으쓱해졌다. 어느덧 더없이 친절해진 파이프기사는 업무 이야기에 이어 개인적인 고민까지 털어놓았다.

"그날 저녁에 전 거액의 계약뿐 아니라 훌륭한 사업파트너까지 얻게 되었습니다. 그렇게 소리만 질러대던 사람과 골프도 치게 되었으니까요. 제가 도움을 청하면서 '당신은 중요한 사람입니다.'라는 느낌을 준 것이 주효했던 것 같습니다."

❀ 소리만 질러대던 파이프기사가 어떻게 순한 양으로 갑자기 변했을까? 그토록 대단한 대기업 직원이 자신에게 조언을 구해오지 않았는가! 덕분에 그는 '세일즈맨에게 이용당한다'는 생각보다는 '난 중요한 사람이다!'라는 자부심을 얻게 되었다. 자, 무언가를 팔려거든 상대의 호감을 이끌어내라.

7

자발적으로
돕게 하라

> 상대에게 어떤 일을 하도록 만드는 방법은 단 한 가지뿐이다. 이 방법에 대해 차분히 고민해본 적이 있는가? 그렇다, 바로 상대가 그일을 원하도록 만드는 것이다. 기억하라, 결코 다른 방법은 없다.

미완성된 디자인

의상 디자이너인 웨슨 씨는 지난 3년간 한 주도 빠짐없이 한 유명 디자이너를 방문했다.

"그 디자이너는 절 거절하진 않았지만 한 번도 제 디자인을 사준 적이 없었어요. 매번 한참 동안 디자인을 쳐다보고는 '웨슨 씨, 미안하지만 이 디자인은 안 되겠네요.'라고 말했죠."

이렇게 약 150차례나 거절당하고 나서야 웨슨 씨는 무언가 새로운 조치를 취해야겠다고 생각했다. 그는 매주 인간관계론에 대한 강의를 들으면서 새로운 길을 모색해보았다.

얼마 지나지 않아 그는 새로운 방법을 시도했다. 미완성된 디자인을 들고 디자이너를 찾아가 "좀 도와주시겠습니까. 여기 디자인 초안 몇 장을 갖고 왔는데 어떻게 완성하면 좋을까요?"라고 물었던 것이다. 디자이너는 미완성의 디자인을 물끄러미 쳐다보다가 이윽고 입을 열었다.

"여기 두고 가세요. 제가 한 번 손을 보지요."

며칠 후에 웨슨 씨가 다시 찾아갔을 때 디자이너는 디자인에 대해 수많은 아이디어를 제시해주었고 마침내 그의 의견을 반영한 디자인이 완성되었다. 이후 그 디자인을 판매할 수 있었음은 물론이다.

"예전에는 왜 거절당할 수밖에 없었는지 이제야 깨달았습니다. 그때는 제가 보기에 근사한 디자인을 제시했었죠. 하지만 이젠 구매자의 의견을 듣고 그에 따라 디자인을 완성하려고 노력합니다. 결국, 제가 디자인을 판매하는 것이 아니라 그가 적극적으로 구매하는 셈이지요."

이렇게 웨슨 씨는 지난 9개월 동안 10건의 디자인을 판매했으며 더불어 1,600달러에 달하는 디자인 수수료도 챙길 수 있었다.

❊ 원하지도 않는 물건을 억지로 살 사람은 없다. 그러니 상대의 의견을 물어보아라. 웨슨 씨가 디자이너에게 조언을 구했던 것처럼 말이다. 그러면 상대는 까다롭게 굴기는커녕 적극적으로 판매 아이디어를 제시해 줄 것이다.

루즈벨트의 지혜

루즈벨트는 뉴욕 주지사 시절에 매우 탁월한 성과를 거두었다. 각 정당 지도자들과 조화롭게 어울리면서도 그들의 반대 의견에 유연히 대처할 수 있는 능력 덕분이었다. 대체 어떻게 해냈던 것일까?

예를 들어, 중요 보직에 공석이 생겼을 경우 루즈벨트는 각 정당 대표들에게 추천을 받았다.

"처음에 그들은 해당 보직에 전혀 맞지 않는 사람을 추천했습니다. 그래서 난 '이 사람은 정책과 여론 부문에서 그다지 영향력을 발휘하지 못할 듯합니다. 시민들의 반대도 있을 테고요.'라고 에둘러 거절했습니다. 그 다음에는 좀 더 나은 인사를 추천해오긴 했지만, 전체적으로 그리 득이 될 것도 손해 볼 것도 없는 경우였습니다. 그래서 또다시 여론의 반대를 이유로 정중히 거절했지요.

세 번째 추천인 역시 부족하지는 않았으나 최적의 인물은 아니었습니다. 그래서 정당대표들에게 '죄송하지만 한 번만 더 추천해주시겠습니까'라고 요청했지요. 그 후에 마지막으로 추천받은 인물이 바로 내가 찾던 인물이었습니다. 난 대표들에게 감사의 인사를 전한 뒤 바로 임용절차를 밟았습니다. 그리고 모든 공을 정당대표들에게 돌렸지요.

이후 난 '그대들의 의견을 수렴해 사람을 뽑았으니 이젠 그대들이 내 의견을 들어줄 차례'라고 말했습니다. 결국, 그들은 선거권세법 및 시공무원 법안 등 정부의 중대 개혁안에 대해 제 뜻을 따라주었습니다."

루즈벨트는 절대 자신의 뜻을 직접 강요하지 않았다. 대신 상대로 하여금 스스로 생각하고 행동하도록 만들었다. 주요 인사를 임명할 때에도 마음속으로 이미 적임자를 정해놓고는 정당 대표들이 '스스로 선택했다'는 생각이 들도록 주도권을 쥐어주었던 것이었다.

❋ 상대의 의견을 묻고 그들의 생각을 존중해줘라. 당신이 그저 자신들을 돕는 자라고 생각하면 상대는 기꺼이 협력해 줄 것이다. 이는 복잡한 정치투쟁뿐만 아니라 업무 및 일상생활에서도 무척 유용한 팁이다.

까다로운 손님

롱아일랜드의 한 중고차 세일즈맨 역시 위의 방법을 이용해 까다로운 스코틀랜드인에게 중고차를 판매했다.

처음에 그는 다양한 종류의 차량을 보여주며 각 차량의 성능 및 장점에 대해 상세히 설명해주었다. 하지만 구매자는 이건 외관이 볼품없고 저건 설계가 튼튼하지 못하다, 이건 쉽게 망가질 것 같다, 저건 너무 비싸다며 온갖 불평을 늘어놓기만 했다. 답답해진 세일즈맨은 우리 세미나에서 그 까다로운 손님에 대한 고민을 털어놓았고 우리는 어떤 차가 좋은 건지 손님에게 직접 물어보라는 조언을 해주었다.

며칠 후에 중고차를 팔려는 고객이 찾아왔는데, 세일

즈맨이 보기엔 그 차야말로 스코틀랜드 고객에게 딱 맞는 차량인 듯했다. 그는 곧바로 스코틀랜드인에게 전화를 걸어 잠시 도와줄 수 없겠냐고 물었다. 스코틀랜드인이 도착하자 그는 "선생님께선 차를 꼼꼼히 체크하고 가격을 따질 줄 아시니, 이 차 가격을 좀 매겨주시겠어요?"라고 요청했다.

그 스코틀랜드인은 함박웃음을 머금고 흔쾌히 제안을 수락했다. 그는 차를 타고 시내를 한 바퀴 돌아보고 온 후에 득의양양하게 말했다.

"300달러가 좋겠네요. 그러면 합리적일 것 같습니다."

"제가 그 가격에 차를 확보하면 손님께서 사실 의향은 있으신가요?"

300달러에? 당연하지 않은가? 그건 자신이 매긴 가격이니 말이다. 결국 거래는 이렇게 성사되었다.

⚜ 물건을 판매할 때에는 억지로 구매를 강요하지 마라. 그리고 어떤 것을 사라고 권유하는 대신 상대가 직접 고를 수 있도록 유도하라. 사람들은 스스로 선택한 물건에 더욱 애착을 느끼는 법이다. 물론 삶의 다른 선택들도 마찬가지이다.

조언을 구하는 편지

브루클린의 한 대형병원에서는 신관을 증축하는 동시에 성능이 뛰어난 X-레이 장비를 갖출 계획을 세웠다. 그리하여 병원 측 X-레이 장비 구매를 담당한 L 박사에게 매일같이 수많은 세일즈맨들이 찾아왔다. 그들은 자사의 장비가 최고라고 선전하며 거액의 계약을 따내기 위해 온갖 노력을 기울였다.

하지만 이들 중에 유독 사람을 다루는 데 탁월했던 고수가 있었으니, 그는 L 박사에게 다음과 같은 편지를 보냈다.

"저희 회사에서 최근 새로운 X-레이 장비를 제작했습니다. 하지만 아직 완벽한 것이 아니기에 좀 더 성능을 보완해야 합니다. 시간이 괜찮으시다면 저희 장비를 한번 봐주시고 어떤 점을 개선해야 할지 조언해 주실 수 있으신가요? 박사님께서 무척 바쁘시다는 것은 알고 있습니다만 고견을 주시면 다시없는 영광이겠습니다. 시간만 정해주시면 언제든 차량을 보내드리겠습니다."

L 박사는 우리 세미나에서 당시의 일을 다음과 같이

술회했다.

"그 편지를 받고 무척 놀랐지만 한편으로는 기분이 좋더군요. 기존의 X-레이 장비회사측은 자사 제품에 대해 자화자찬하기 바빴을 뿐 우리가 어떤 제품을 원하는지 물어본 적이 없었거든요. 전 그 주에 스케줄이 꽉 차 있었지만 저녁모임을 취소하면서까지 장비회사를 찾아갔습니다. 그 회사는 제 의견을 반영해 장비를 개량했고 최종적으로 출시된 제품은 제 마음에 쏙 들었습니다. 사실, 누구도 그 장비를 사라고 말한 사람은 없었지만 전 그 제품을 구매하기로 결정했습니다."

❋ L 박사가 얻은 것은 X-레이 장비뿐만이 아니라 존중받은 느낌, 자기만족감 그리고 자신감이었다. 그러니 기능상 타사 제품과 크게 다를 바가 없을지라도 '전체적인 만족감'이 월등히 높았던 위 업체를 선택하는 게 당연하지 않은가.

캠프장 예약

몇 년 전, 난 캐나다 뉴브룬즈윅에서 낚시를 즐기며 휴가를 보내고 싶었다. 그래서 현지 여행정보센터에 관련 자료를 보내달라는 편지를 썼다. 그런데 내 이름과 주소 등의 개인정보가 나 몰래 공개되었는지, 언젠가부터 브룬즈윅의 현지 여행사, 캠프장 등지에서 엄청난 양의 우편물이 쏟아져 들어왔다.

대체 어느 곳을 선택해야 할지 몰라 갈팡질팡하고 있을 때, 문득 내 눈에 띄는 자료가 있었다. 그 여행업자는 예전에 자신의 캠프장에 머물렀던 뉴욕출신 방문객들의 이름과 전화번호를 알려주었는데, 공교롭게 내가 아는 사람도 명단에 포함되어 있었다. 난 즉시 그 친구에게 전화를 걸어 캠프장에 대해 알아보았고, 이어 그곳 캠프장을 예약했다.

다른 캠프장에서 아무리 세심한 서비스를 제공하더라도 고객이 '스스로 선택하게' 한 이곳만큼 매력적이진 못하리라.

❋ 다른 캠프장에서 제공하는 서비스가 훨씬 좋을 수도 또, 훨씬 저렴할 수도 있다. 하지만 이들은 고객에게 '선택권'을 쥐어주는 차별성을 두지 못했기에 천편일률적인 광고에서 벗어나지 못했다.

어디로 여행 갈까?

오클라호마 주 툴사에 살고 있는 폴 데이비스 씨는 가족여행을 가기 전에 어떻게 의견을 일치시켰는지에 대해 이야기해주었다.

"전 예전부터 게티스버그의 전쟁터와 필라델피아의 역사 유적지, 포지 계곡, 제임스 타운 그리고 윌리엄스버그의 식민지부락을 여행해보고 싶었습니다. 그런데 3월 즈음에 아내 낸시가 멋진 여름 휴가계획이 있다면서 뉴멕시코, 애리조나, 캘리포니아와 네바다 등 서부지역을 가는 게 어떻겠냐고 말하는 게 아닙니까? 오래전부터 꿈꿔왔던 여행이라면서 말이죠. 하지만 한 번에 두 군데를 다 갈 수는 없잖습니까?

전 한창 미국역사를 배우고 있는 딸아이 앤이 미국에서 일어난 여러 사건들에 대해 관심을 갖고 있다는 걸 알았지요. 그래서 휴가 때 그 역사현장들을 둘러보는 게 어떠냐고 물었습니다. 물론 아이는 무척 좋아했습니다.

이틀 후, 가족 모두가 모인 식사시간에 전 '다들 괜찮다면 여름휴가 때는 동부로 가는 게 어때? 앤에게도 의미 있는 여행이 될 테고… 무척 재미있을 거야.'라고 말했습니다. 그리고 실제로도 무척 재미있었습니다. 특히 저한테는 말이죠."

❋ 위의 에피소드는 '상대가 스스로 생각해냈다고 느끼게 하라'는 원칙을 응용한 좋은 예시이다. 자신이 얼마나 동부에 가고 싶은지를 강조하는 대신 딸아이의 학업과 흥미를 우선시한 것이다. 사람들은 때로 타인을 위해 기꺼이 자신의 몫을 포기하기도 한다.

8

공감하고
인정하라

치열한 설전과 논쟁을 그치고 우호적인 협력을 이끌어내고 싶은가?
상대에게 호감을 주고 싶은가? 그렇다면 여기에 답이 있다. "그렇게
생각하시는 것이 당연합니다. 저라도 그랬을 테니까요." 이런 대답
에 꼬투리를 잡을 사람은 아무도 없지 않겠는가.

마음이 뻥 뚫린 사과

언젠가 방송에서 《작은 아씨들》의 작가 루이자 메이
올컷 여사에 관해 이야기한 적이 있었다. 난 그녀가 매사
추세츠 주의 콩코드에서 자라났으며 바로 그곳에서 작
품을 집필했음을 알고 있었다. 그런데 나도 모르게 "뉴햄
프셔의 콩코드에 인터뷰를 하러 갔더랬죠."라고 말해 버

리고 만 것이었다. 한 번이었다면 그냥 넘어갈 수도 있었지만 두 번씩이나 그렇게 말해버린 게 화근이었다.

이후 온갖 비난과 질책이 담긴 서신, 전보 등이 끊임없이 사무실로 날아들었다. 매사추세츠 주 콩코드에서 자라 현재는 필라델피아에 살고 있다는 한 부인은 그야말로 미친 듯이 분노를 토해냈다. 그녀의 편지를 읽고 나니 이런 말이 절로 나왔다.

"하나님, 이런 여인과 결혼하지 않게 해주셔서 정말 감사합니다."

난 비록 내가 말실수를 하긴 했지만 이렇게 기본적인 예의도 지키지 않은 무례한 편지를 보낸 것이야말로 훨씬 교양 없는 행동임을 지적해주고 싶었다. 화가 치밀어오른 나는 체면을 차리는 말 따위는 늘어놓고 싶지도 않았다. 그저 그녀가 얼마나 무례하고 포악한 사람인지 따져 묻고 싶었다. 하지만 실제로 그렇게 무례하게 굴 수는 없었다. 그건 바보나 하는 짓이 아닌가!

난 이 갈등을 보다 원만하게 해결하고 싶었다. '내가 그녀였더라도 똑같이 느꼈을 거야. 아마 더 분노했을지도 모르지'라고 생각을 바꾸자 갑자기 그녀에게 동정심이 느껴졌다. 후일에 필라델피아에 방문했을 때 난 그 부인에게 전화를 걸었다.

"안녕하세요. 몇 주 전에 제게 보내주신 편지 잘 받았습니다. 날카로운 지적을 해주셔서 많은 도움이 되었습니다. 감사합니다."

전화 속의 그녀 목소리는 차분하면서도 우아했다.

"누구신지요? 죄송하지만 처음 듣는 목소리라서요."

"뵌 적이 없으니 아마 잘 모르실 겁니다. 전 데일 카네기라고 하는데, 몇 주 전에 제 방송에 대해 몇 가지를 지적해 주셨죠. 올컷 여사의 출생지에 대해 잘못 말했던 점, 사과드립니다."

그러자 그녀는 미안한 듯이 말을 이었다.

"죄송합니다. 카네기 선생님. 그때 제가 너무나 화가 나서 제정신이 아니었습니다. 부디 맘을 푸셨으면 좋겠네요."

"아닙니다! 아니에요! 죄송한 건 오히려 저죠. 초등학생도 안 할 실수를 저질렀으니… 방송에서 정식으로 사과를 드렸지만 부인께는 특별히 말씀을 전해야겠기에 이렇게 전화 드렸습니다."

"전 매사추세츠 주 콩코드에서 나서 자랐고, 저희 집안은 지난 200년 동안 대대로 명망 있는 가문이었습니다. 그래서 줄곧 제 고향을 자랑스럽게 생각했지요. 그런데 올컷 여사가 뉴햄프셔 출신이라고 말하는 걸 들으니 저도 모르게 예민해졌나 봅니다. 그런 무례한 편지는 보내지 말았어야 했는데 정말 죄송합니다."

"실로 마음고생이 심한 건 사실이었습니다. 제가 한 잘못이긴 하지만 상처도 컸거든요. 하지만 부인처럼 교양 있는 분이 한낱 방송인에게 편지를 쓰는 것도 쉬운 일은 아니었겠지요. 앞으로도 많은 관심과 비평 부탁드리겠습니다. 이렇게나마 인사를 전하게 되어 기쁘네요."

이렇게 내가 먼저 사과하고 공감을 표하자 상대 역시 같은 모습을 보여주었다. 난 스스로의 감정을 통제할 수 있었다는 자신감과 함께, 원수를 은혜로 변모시킨 지혜로운 처사에 스스로 깊은 만족감을 느꼈다. 분노에 치를 떨던 부인이 한없이 순한 양으로 변하자 내 상처받은 마음도 뻥 뚫리는 기분이었다.

✤ 논쟁을 멈추게 하고 분노를 없애주는 비법이 여기 있으니, 아무리 교활하고 완고한 사람이라도 곧 우호적인 사람으로 변모하리라. 세상 대부분이 사람들은 공감과 인정에 목말라있다. 그러니 상대의 입장에 서서 이해하려 애쓴다면 자연스레 그의 마음을 얻게 될 것이다.

어느 부인의 편지

태프트 대통령은 그의 저서 《공직자의 윤리》에서 다음과 같은 흥미로운 이야기를 들려주었다.

"정계에 영향력 있는 남편을 둔 한 부인이 아들의 자리를 보아달라며 근 두 달간이나 내 주위를 맴돌았다. 그녀는 적잖은 의원들을 대동하고 나타나 아들의 보직을 부탁하길 수차례 반복했다. 하지만 그 직위는 전문성을 요하는 자리인지라 관련인사의 추천을 받아 임명했다.

얼마 후, 부인은 내게 배은망덕하다며 편지를 띄웠다. 자신은 내가 관심을 가졌던 법안을 통과시키기 위해 온갖 힘을 다해 주 의회의원들을 설득했는데, 정작 자신의 부탁은 헌신짝 취급한다는 내용이었다. 그리 힘들지도 않은 부탁을 거절하다니, 참으로 인정머리 없는 사람이라는 비난도 빼놓지 않았다.

이런 무례하고 졸렬한 사람에게라면 누구라도 매서운 질책을 퍼붓고 싶을 것이다. 물론 곧바로 반박편지를 쓸 수도 있다. 하지만 진정으로 현명한 사람이라면 답장을 바로 부치는 대신 이틀쯤 뒤에 다시 한 번 읽어볼 것이다. 사실 뭐 그리 긴급한 사안도 아니지 않은가. 이틀 후에 자신의 반박편지를 다시 읽어볼 때쯤엔 그 편지를 부치고 싶은 생각 따위는 사라진 후일 테니 말이다. 나는 종종 이런 방법을 이용한다.

며칠 후, 난 평정을 되찾은 뒤에 답장을 썼다. 부인이 얼마나 상심했을지 그 고충을 이해하지만 그 보직은 대통령의 권한만으로는 임명할 수 없으며 반드시 엄격한 추천 및 자질 검증을 거쳐야 한다고 설명했다. 그리고 부인의 아들이 원하는 자리를 얻게 되길 희망한다는 말로 끝을 맺었다.

이 편지 덕분에 부인의 마음이 많이 풀렸던 듯, 며칠 후 '일전에 보내드린 편지에 대해서는 정말 죄송합니다.'라는 짧은 편지를 보내왔다.

하지만 얼마 후, 내가 임명한 담당자에게 사정이 생겨 또다시 그 보직이 공석이 되었다. 이어 부인의 남편 이름으로 편지가 한 통 왔는데, 전에 받은 그 부인의 편지와 필체가 똑같았다. 부인이 이 일로 상심한 나머지 신경쇠약, 위암진단까지 받았다면서 죽은 사람을 살리는 셈치고 그 보직을 아들에게 줄 수 없겠느냐는 내용이었다.

난 곧바로 부인의 남편에게 '부인이 속히 쾌차하기를 바란다. 하지만 보직 임명은 변경할 수 없다'는 내용의 편지를 썼다. 이튿날, 백악관에서 열린 음악회에서 우리 부부에게 가장 먼저 인사를 건넨 이가 누군지 아는가? 바로 그들 부부였다."

🌸 태프트는 말했다. "난 스스로의 분노를 제어할 수 있었다는 데에, 그리고 모욕을 호의로 되돌려주었다는 데에 만족감을 느꼈다." 어찌 그렇지 않겠는가? 분기탱천하여 고래고래 소리를 질러보았자 무슨 도움이 되겠는가? 원망과 복수의 칼날을 자초하는 대신 좀 더 유연하게 거절하는 법을 익히는 것이 훨씬 낫다.

까다로운 성악가

솔 휴로크는 지난 20년 동안 최정상의 성악가들과 공연을 추진해온 최고의 원로매니저이다. 그는 성격이 까다로운 예술가들과 작업을 하기 위해서는 아무리 우스꽝스러운 일이라도 그들과 공감할 줄 알아야 한다고 말했다.

한때 휴로크는 세계 최고의 베이스 가수였던 표드르 샬리아핀의 매니저로 일한 적이 있었다. 이 위대한 가수는 마치 심술궂은 어린아이처럼 괴팍하게 굴며 휴로크의 골치를 썩이기 일쑤였다. 휴로크의 말을 빌리자면 '그는 모든 면에서 정말 끔찍한 사람'이었다.

예를 들면 음악회가 예정된 당일 낮에 갑자기 전화를 걸어 "솔, 오늘 음악회는 취소하도록 해. 목이 너무 아프고 몸도 안 좋아."라고 통보하는 식이었다. 그렇다면 휴로크는 그를 탓했을까? 아니다, 그렇게 해서는 전혀 해결되는 바가 없음을 이미 알고 있는 휴로크였다.

그는 곧바로 샬리아핀이 묵고 있는 호텔로 달려가서 그에게 진심 어린 동정심을 표했다.

"저런, 불쌍한 친구. 이럴 수가 있나. 몸도 안 좋은데 공연은 무슨? 내 곧바로 공연을 취소하겠네. 손해는 조금 감수해야겠지만 명성을 잃어버리는 데 비하면 그야 아무것도 아니지."

그러자 샬리아핀은 잠시 머뭇거리다 한숨을 내쉬며 대답했다.

"글쎄, 잠시 있어보지. 5시쯤 다시 오게나. 그때 상황을 보세."

오후 5시에 휴로크는 다시 샬리아핀의 호텔로 찾아가 공연을 취소할 것을 누차 강조했다. 이에 샬리아핀은 "저녁에 다시 한번 들러주게나. 그때는 좀 나아질지도 모르니."라고 대답했다.

7시 30분경, 까다로운 베이스 가수는 무대에 오르기로 마음을 굳혔다. 다만 휴로크가 극장에 나가 '샬리아핀이 지독한 감기에 걸려 목소리가 좋지 않다'는 사실을 알려야 한다는 조건이었다. 그는 물론 흔쾌히 동의했고 덕분에 음악회는 순조롭게 진행될 수 있었다.

❧ 사람들은 누구나 동정을 갈구한다. 아이들은 자신의 상처를 보여주고 싶어 하며, 어른들도 역시 자신의 질병, 사고, 상처 등에 대해 이야기하려 안달이 나있다. 이렇듯 인간은 동정심을 구하는 본성을 갖고 태어난다.

9

신뢰하고 있음을
보여라

세상의 모든 사람들은 스스로를 과대평가하며 자신은 꽤 괜찮은 사람이라고 생각한다.

당신을 믿어요

해밀턴 파렐 씨가 펜실베이니아 주의 어느 부동산회사에서 일할 때였다. 어느 날, 불만에 가득 찬 한 세입자가 당장 이사를 가겠다며 길길이 날뛰었다. 계약 기간이 아직 4개월이나 남아 있었지만 그는 계약을 파기하는 일쯤은 대수롭지 않게 생각하는 듯했다. 파렐 씨는 당시의 일을 이렇게 회상했다.

"겨우내 그 집에서 살았는데 갑자기 이사를 가겠다니

요. 지금 방을 비우면 가을 전까지는 세를 놓기도 힘들 텐데… 그야말로 생돈 220달러가 날아가는 셈이었지요. 전 화가 치밀어 올랐습니다. 예전 같았으면 당장에 계약서를 들고 세입자를 찾아가 따졌을 겁니다. 그리고 계약에 따라 4개월 치 임대료를 한꺼번에 내라고 요구했겠지요. 하지만 전 분통을 터뜨리는 대신 이렇게 이야기했습니다.

'선생님, 정말로 이사 가실 거라고는 믿지 않습니다. 제가 이 일을 오래한 덕에 사람 보는 눈은 정확하거든요. 선생님처럼 신뢰를 소중히 하시는 분이 그럴 리가요.'

세입자는 잠자코 제 말만 듣고 있더군요.

'그럼, 제가 한 가지 제안을 하죠. 다음달 1일까지 시간을 갖고 다시 한 번 생각해보세요. 그때에도 이사를 가시겠다면 저도 받아들이겠습니다. 제 판단이 틀린 것뿐이니까요. 하지만 전 선생님이 약속을 지키실 거라고 굳게 믿습니다.'

월말 즈음에 그는 제 발로 찾아와 임대료를 모두 지불하고 갔습니다. 그리고 가족들과 상의해본 결과 이사를 하지 않기로 결정했답니다. 아마도 자신의 명예를 지키는 방법은 계약을 준수하는 수밖에 없었을 테니까요."

🌸 사람들이 어떤 행동을 하는 데는 두 가지 이유가 있다. 첫 번째는 진짜 이유이고 두 번째는 그럴 듯해 보이는 이유이다. 진짜 이유라면 굳이 말할 필요가 없지만, 두 번째의 그럴싸한 이유라면 당신도 충분히 잘 활용할 수가 있다. 누군가를 변화시키고 싶다면 상대의 고상한 동기에 호소하라.

고객이 작성한 요금청구서

어느 자동차회사에 여섯 명이나 되는 고객이 수리비용을 납부하지 않겠다고 선언했다. 그들은 발행된 청구서 따위는 무시한 채 줄곧 요금 청구항목이 잘못되었다고 주장했다. 회사의 신용 관리부 담당자는 고객들이 과다 청구했다고 주장하는 요금을 회수하기 위해 아래와 같은 조치를 취했다.

① 각 고객을 방문하여 납부하지 않은 요금을 회수하러 왔다고 거침없이 말했다.

② 회사 측의 청구항목은 정확하며, 오히려 고객들의 주장에 근거가 없다고 말했다.

③ 자동차에 대해서는 자신들이 고객보다 훨씬 전문 가임을 넌지시 알려주며 비용을 지불하는 것 외에 다른 방법은 없다고 말했다.

과연 요금을 받아낼 수 있었을까? 그 결과는 격렬한 논쟁의 연속이었다. 일이 이렇게 되자, 회사 측 신용관리 부의 책임자는 강제 수단을 동원하기로 마음을 먹었다.

하지만 다행히 그즈음에 지점장이 이 사건에 대해 알 게 되었다. 그는 문제를 일으킨 고객들이 이전에는 단 한 번도 체납한 적이 없는 신용우수 고객이라는 것을 알아 챘다. 이에 분명 회사측에 문제가 있는 것이라고 생각한 지점장은 제임스 토머스 씨에게 문제를 해결하도록 지 시했다. 토머스 씨의 설명에 따르면 그는 다음과 같은 절 차를 밟았다.

① 다시 한 번 각 고객들을 방문하였으나 체납된 비용 에 대해서는 한 마디도 꺼내지 않았다. 그저 회사 측의 서비스 상태를 조사하러 왔다고만 설명 해주 었다.

② 난 고객의 설명을 성실히 듣겠으며, 스스로 함부로 판단하지 않을 것임을 분명히 했다. 그리고 회사 측

에 착오가 있었을지도 모른다는 점을 인정했다.

③ 나는 오로지 고객의 자동차에만 관심을 쏟고 있으며, 본인 소유의 자동차에 한해서는 그들 자신이 더 잘 알고 있음을 인정했다.

④ 그들이 모든 고충을 털어놓을 수 있도록 귀를 기울이고 그들의 의견에 공감을 표했다.

⑤ 드디어 고객들의 분노는 점차 잦아들었고, 비로소 난 사건의 자초지종에 대해 다시 한 번 생각해보자고 건의했다. 물론 그들의 고상한 동기에 호소하는 방식으로 말이다.

"먼저, 회사 측의 대응방식이 적절하지 않았던 듯합니다. 지난번 저희 직원 때문에 불편을 겪고 화가 나신 점에 대해서는 회사 측을 대표하여 사과말씀을 드립니다. 이번에 함께 말씀을 나누면서 선생님의 공정하고 관대하신 판단력에 깊은 감동을 받았습니다. 그래서 작은 부탁을 하나 드릴까 합니다. 누구보다 선생님께서 잘 아시리라 확신하니까요. 저희가 드린 청구서에서 어느 부분에 문제가 있는지 알려주시겠습니까? 선생님께서 저희 회사의 사장이라고 생각하시고 문제점을 지적해주시면 그대로 따르겠습니다."

그들은 흔쾌히 청구서를 정정해주었다. 청구서 비용은 150달러에서 400달러까지 다양했는데 그렇다면 고객들은 그저 자신의 편의대로만 수정했을까? 한 명은 그랬다. 하지만 나머지 5명의 고객들은 회사 측의 손을 들어주었다. 더욱 놀라운 사실은 그 후 2년 안에 그들이 모두 신차를 주문했다는 것이었다.

"이번 경험을 통해, 전 고객에 대한 정보가 부족할 때는 그저 그가 정직하고 진실한 사람이라고 믿는 것이 중요함을 깨달았습니다. 일단 상대가 바른 사람이라고 믿어주면 그 역시 기대에 부응하기 위해 행동하기 때문입니다. 물론 예외도 있기 마련이지만, 진심으로 믿어준다면 대다수의 경우는 기대하는 바대로 행동하게 됩니다."

✤ 상대에 대해 정확한 결론을 내리지 못했을 경우에는 일단 그가 정직하고 건실한 사람이라고 믿어라. 상대가 옳다고 믿어주면 그 역시 기대에 부응하기 위해 행동하게 된다.

피임약 광고

어느 기독교 단체장을 역임했던 의사 B씨는 보스턴의 저명한 신문사에 편지 한 통을 보냈다. 그는 스스로가 해당 신문을 오랜 기간 동안 열독해온 애독자임을 밝히고 당지의 날카로우면서도 치밀한 논조에 깊이 공감한다고 말했다. 그리고 탁월한 사회논평을 전하는 이 신문은 모든 가정에서 필독해야 할 신문이라며 찬사를 아끼지 않았다. 하지만 그는 이어 다음과 같은 말을 남겼다.

"그런데 어느 날 제 친구가 말하길, 어린 딸아이가 신문에서 피임약 광고를 보고는 무슨 뜻인지 묻는데 어떻게 설명해야 할지 참 난처했다고 합니다.

귀사의 신문은 보스턴 상류계층 가정이라면 반드시 한 부씩 구독하는 유명 일간지입니다. 그러니 제 친구는 차치하고라도 또 다른 가정에서도 이런 일이 일어날 수 있겠지요. 만약 사장님께 이토록 순진무구한 딸아이가 있다면 그런 피임약 광고를 보여주고 싶으시겠습니까? 어린 딸아이가 물어보면 대체 뭐라고 대답해야 할까요?

탁월한 신문임에도 단지 불건전한 광고 때문에 신문

을 끊어야하는 아버지의 마음을 이해하실 수 있으신지요? 이에 개인적으로 심히 유감스럽습니다. 다수의 독자들 역시 안타까움을 금할 수 없을 겁니다."

이로부터 이틀 후에 해당 신문사의 발행인은 B씨에게 답신을 보냈다. 이때가 1904년 10월 13일이었다. 그리고 B씨는 답신을 받은 지 30년이 훨씬 지난 후에도 여전히 그 편지를 간직하고 있었다. 내용은 다음과 같다.

"이번 달 11일에 본지 편집장이 선생님께서 보내주신 편지를 갖고 왔습니다. 전 편지를 다 읽은 후 깊은 감동에 사로잡혔습니다. 사실 선생님께서 제기하신 그 문제는 저희가 줄곧 고심하고 있었으나 차일피일 미루며 제대로 손을 대지 못하고 있었던 것입니다. 이제 선생님의 충고 덕분에 본지의 불건전한 광고는 모두 과감히 삭제하기로 결정했습니다. 물론 빠른 시일 안에 불건전한 의약광고를 완전히 중단할 수는 없으나, 어떤 광고든 독자들에게 반감을 주는 광고는 싣지 않는다는 원칙을 따르겠습니다. 선생님의 진심 어린 질책과 충고에 다시 한 번 깊은 감사의 말씀을 전합니다. 덕분에 많은 도움을 얻었습니다."

❀ B씨만큼 지혜롭게 처신할 수 있는 자가 얼마나 되겠는가? 만약 당신이 이런 상황이라면 어떻게 했겠는가? 당신의 이웃이 날마다 음악을 큰소리로 틀어놓고 시끄럽게 군다고 가정해보자. 이럴 때에는 아무리 소리를 지르고 화를 내봤자 무용지물이다. 오히려 상대의 고상한 음악적 취미를 칭찬해주고 그가 무척이나 예의 바른 사람인 듯 해주어라. 그리고 당신의 노모가 신경쇠약에 걸려있다는 점만 알려주면 그는 당장에라도 볼륨을 낮춰줄 것이다.

10

쇼맨십을
발휘하라

남자들은 때로 사랑하는 여인의 발아래 무릎을 꿇기도 하고, 촛불 아래 저녁 만찬을 준비하기도 한다. 프러포즈의 성공률을 높이기 위해 미리 낭만적인 분위기를 조성해두는 것이다. 이렇게 언제고 극적인 순간을 연출해 낼 수 있다면 사람들은 당신의 매력에 빠져들고 말 것이다.

서른두 병의 콜드크림

〈아메리칸 위클리〉지의 제임스 보인튼은 최고급 콜드크림 브랜드에 관한 상세한 시장보고서를 작성해야 했다. 그의 클라이언트는 경쟁업체의 가격인하에 대응하기 위해 데이터가 필요했던 것이다. 보인튼은 해당 담당자

앞에서 보고서 프레젠테이션까지 진행해야 했다.

보인튼은 당시의 상황을 이렇게 설명해주었다.

"첫 번째 프레젠테이션에서는 자료 조사방법에 대한 쓸데없는 논쟁으로 시간을 허비했습니다. 그는 내 방법이 틀렸다고 말했고 저 역시 이에 맞서 반론을 펼쳤죠. 서로 자신의 방법이 옳다고 우기는 통에 시간만 하염없이 흘렀습니다. 결국 제 방법을 관철시켜 만족스럽긴 했지만 회의는 그렇게 끝나고 말았습니다.

두 번째 프레젠테이션에서 저는 다른 전략을 구사해보았습니다. 자료의 수치와 이론 등은 한편에 밀어놓고 그저 현상을 극적으로 보여주려 한 것입니다. 제가 막 사무실에 들어섰을 때 그는 누군가와 통화를 하고 있었습니다. 그 사이에 전 서른 두병의 타사 콜드크림을 책상 위에 펼쳐놓았습니다. 그는 한눈에 경쟁사들의 제품을 알아보았습니다. 저는 곧 각 콜드크림에 붙여둔 조사결과 메모지를 읽어주었습니다. 이렇게 각각의 콜드크림 특징을 일목요연하게 정리해주었죠.

그 후에 어떻게 되었는지 아십니까? 그는 각각의 콜드크림을 찬찬히 살펴보았고, 우린 드디어 우호적으로 다가설 수 있었습니다. 그는 무척 흥미로운 듯 계속해서 제게 질문을 했습니다. 원래 우리의 미팅 시간은 10분이었지만 실제로는 1시간이 넘도록 의견을 나누었답니다.

제 조사보고서는 종전과 다를 바가 하나도 없었지만, 상황을 극적으로 연출함으로써 전혀 다른 결과를 얻어냈습니다."

❀ 보인튼의 두 번째 조사보고서는 첫 번째 것과 다를 바가 없었지만, 상황을 극적으로 보여줬던 쇼맨십 덕분에 전혀 다른 결과를 낳았다. 일례로, 쥐약의 효능을 증명하기 위해 살아있는 쥐 두 마리를 쇼윈도에 진열했던 판매상은 평소보다 몇 배나 많은 쥐약을 판매할 수 있었다.

단돈 2센트 가격의 책

수년 전, 〈필라델피아 이브닝 불리튼〉지는 온갖 악의적인 추문으로 시달리고 있었다. 광고가 턱없이 많은데다 기사 내용도 부실하고 빈약하다는 비판이었다. 이 소문은 곧바로 독자들에게 영향을 미쳤고 곧이어 판매부수가 급격히 떨어졌다. 당사는 이 위기를 타개하기 위해 곧바로 적극적인 대응책에 돌입했다.

그들은 하루 동안 일어난 각종 기사들을 편집하여 《하루》라는 책으로 묶어냈다. 장장 307페이지에 달하는 방대한 양이었음에도 단돈 2센트만 받고 팔았다.

당사의 발행인은 〈필라델피아 이브닝 불리튼〉지가 상세하고 유익한 정보를 전해준다는 이미지를 심어주기 위해 이런 극적인 방법을 선택한 것이었다. 그 결과, 이는 그 어느 수치보다 훨씬 유익하고 효과적으로 고객들을 설득할 수 있었다.

❋ 현대는 쇼맨십의 시대이다. 사람들의 시선을 끌어들일 수 있는 방법을 연구하라. 자동차 위에 코끼리를 올려놓고 얼마나 튼튼한지를 강조했던 볼보나 동화 속 캐릭터를 현실로 이끌어낸 미키마우스 등은 무척 흥미롭지 않은가?

청소하는 기차

다섯 살짜리 아들과 세 살짜리 딸을 둔 앨라배마 주의 조 팬트 씨는 아이들이 스스로 장난감을 정리하도록 하기 위해 '기차놀이'를 발명했다.

그는 어린 조이를 세 발 자전거의 기사로 앉히고 딸 자넷을 자전거 뒤편에 타게 했다. 그리고 저녁때마다 방과 거실을 한 바퀴씩 돌면서 장난감 '석탄'을 모두 자전거 뒤편에 싣도록 한 것이었다.

이렇게 팬트 씨는 아이들을 가르치거나 훈계할 필요 없이 집안에 널린 장난감을 모두 치울 수 있었다.

❀ 부모들의 골치를 썩이는 청소 문제도 이렇게 손쉽게 해결할 수 있다. 그런데 얼마나 많은 부모들이 곰곰이 생각해보지도 않은 채 아이들에게 목소리를 높이는가? 극적인 연출법은 사람들의 시선을 끌어당기기 마련 이다. 호기심이 풍부한 동물인 인간은 재미있는 오락을 즐길 줄 안다.

미리 준비된 답장

인디애나 주의 미사와카에 사는 매리 캐서린 울프는 최근 직장문제로 골치가 아팠다. 사장과 면담을 해야겠 다고 생각한 그녀는 월요일 아침 일찍 사장 비서를 찾아 가 면담을 신청했다. 하지만 이미 일주일 내 모든 스케줄 이 꽉 찬 상태였다. 비서는 "사장님 스케줄은 이미 다 찼 어요. 하지만 혹시 시간이 난다면 한번 잡아볼게요."라고 말했다.

울프는 당시 상황을 이렇게 설명해주었다.

"일주일 내내 전 아무런 연락도 받지 못했어요. 그래서 비서에게 물어보았더니 줄곧 시간이 없다는 대답만 하더군요. 주말 전에 꼭 사장님을 만나고 싶었기 때문에 한 가지 묘안을 짜냈습니다.

전 사장님에게 공식적인 서신을 띄웠습니다. 업무가 바쁘신 것은 알지만 면담 역시 중요하다는 뜻을 전했지요. 그리고 편지 속에 제 이름을 적은 봉투와 용지를 넣은 뒤, 다시 돌려 보내주기만 해달라고 청했습니다. 그 속에는 이렇게 썼지요.

울프 씨;

__월 __일 __시 __분부터 __분까지 시간을 낼 수 있습니다. 이 편지를 오전 11시에 사장의 공문 함에 넣어두었는데 당일 오후 2시쯤에 답신을 받을 수 있었습니다. 사장님은 그날 오후에 10분가량 시간을 내주겠다는 답신을 직접 보내주었습니다.

그날 전 사장을 만나 한 시간이나 넘게 이야기를 나누면서 문제를 해결할 수 있었습니다. 그때 아무런 조치도 취하지 않았더라면 아마 지금까지도 마냥 기다리고 있었을지 모릅니다."

✿ 현명한 쇼맨십은 생각지도 못한 혜택을 가져다준다. 그러니 창의력을
발휘해 보아라. 고리타분한 옛날 방식을 걷어치우고 신선한 아이디어로
승부를 걸어라.

11

앞서고자 하는
욕망을 자극하라

업무 효율을 높이기 위해서는 경쟁 심리를 자극하라. 누구나 타인보다 앞서고자 하는 욕망이 있기 때문이다.

'6'이라는 숫자에 숨은 뜻

찰스 슈왑이 운영하던 공장 가운데 한 곳은 자체생산량이 목표치에 턱없이 부족했다. 슈왑은 공장장에게 이렇게 물었다.

"무슨 특별한 원인이 있는 게 아니오? 당신처럼 유능한 사람이 목표치도 달성하지 못하다니…."

"저도 답답해 죽겠습니다. 직원들을 달래도 보고 윽박질러도 보았는데 아무 소용이 없어요. 왜들 저리 나태하고 무성의한지… 대체 일을 하려고 하질 않습니다."

마침 오전 작업반이 일을 마치고 저녁반과 업무 교대를 하는 시간이었다. 슈왑이 공장장에게 분필 하나를 갖다달라고 부탁하고는 곁에 있던 직원에게 물었다.

"오늘 오전반에서는 작업을 몇 번이나 완료했소?"

"여섯 번입니다."

슈왑은 아무 말도 하지 않은 채 바닥에 '6'이라는 숫자를 커다랗게 써놓고 자리를 떴다. 그러자 저녁반 사람들이 바닥의 숫자를 보곤 오전반 직원에게 무슨 일이냐고 물었다.

"오전에 작업을 몇 번이나 완료했냐고 물으시기에 여섯 번이라고 대답했더니 저리 바닥에 써놓고 가버리셨네."

이튿날 아침, 슈왑이 다시 공장에 시찰 왔을 때 바닥의 숫자는 '7'로 바뀌어 있었다. 오전 작업반 사람들은 저녁반이 더 열심히 일했다는 데에 충격을 받은 듯 맹렬히 작업에 몰입했다.

이들은 작업을 마무리할 때 즈음 바닥에 '10'이라고 써놓았다. 이렇게 공장 내 업무효율은 점차 향상되어 갔다.

얼마 후 이곳은 슈왑이 소유한 공장 가운데 최고의 업무 성과를 거두어냈다.

목표를 달성하려거든 직원들의 의지를 불태워라. 그리고 이를 위해서는 남보다 앞서고자 하는 욕망을 자극하면 된다.

✽ 경쟁심은 도전의식을 자극하며, 일에 몰두하는 사람이 최고의 성과를 가져온다. 경쟁이란 남들보다 우수한 능력과 가치를 입증하기 위한 절호의 기회이다. 그러니 경쟁을 즐기는 자만이 성공을 맛볼 수 있다!

대단한 인재

뉴욕 주 데블스 아일랜드 서쪽 끝에 자리한 악명 높은 '싱싱 교도소'는 미국 전역에서 가장 흉폭하고 거친 죄수들을 수감하는 곳이었다. 온갖 추잡한 스캔들과 추문이 끊이지 않았던 이곳에 마침 교도소장 자리가 비게 되었다. 교도소를 관리할 만한 적임자를 찾는 데 애를 먹고 있던 스미스 주지사는 결국 루이스 로스라는 사람을 불러들였다.

"싱싱 교도소를 맡아주지 않겠나? 그곳에는 당신처럼

경험이 많은 인재가 필요하네."

　사실 싱싱 교도소는 정치적 영향력과 직결되는 자리였기에 수시로 교도소장이 바뀌곤 했다. 심지어 임기 3주 만에 직책을 박탈당한 자도 있었다. 바람 앞에 등불같은 자리에 굳이 모험을 걸 필요가 있을까? 스미스 주지사는 이 같은 로스의 고민을 알아채고 웃음 띤 얼굴로 말했다.

　"이봐 젊은이, 두려운가? 뭐, 자네 탓은 하지 않겠네. 결코 쉬운 곳이 아니니 말이네. 정말 대단한 자가 아니고서야 그곳을 감당해낼 수 없을걸세. 출중한 지혜와 기백을 갖춘 자만이 그 엄중한 책임감을 떠안을 수 있을 테니 말이네."

　스미스 주지사는 은근히 로스의 도전정신을 자극했다. 이에 로스는 강철같이 강인한 인재가 되고픈 욕망에 불타올랐다.

　후일에 로스는 오래도록 싱싱 교도소장으로 재임하며 그 누구보다 탁월한 업적을 남겼다. 그리고 《싱싱 교도소에서의 2만 년》이라는 저서를 통해 전 미국의 독자들을 열광시켰다. 그는 수많은 TV에 출연하는 유명인사가 되었고 성성 교도소 내의 이야기는 영화로도 제작되었다. 그의 범죄자들에 대한 인도주의적 대우는 '성성 교도소'라는 감옥에서 기적을 만들어냈다.

✤ 영웅은 언제나 남들보다 탁월해지기를 열망하기에 기꺼이 치열한 경쟁에 뛰어들어 도전의식을 불태운다. 만약 이 도전정신이 아니었다면 오늘날의 미국 역사는 조금 달라졌을지도 모른다. 시어도어 루즈벨트가 대통령 선거에서 사퇴하려고 할 때, 토머스 콜리어 플래트가 호통쳤다. "산후안의 영웅이 어찌 갑자기 겁쟁이가 되었단 말인가?" 이에 루즈벨트는 다시금 정신을 차려 경쟁에 나설 힘을 갖게 되었고 결국 대통령으로 당선되었다.

4장

How to Win Friends & Influence People

상대방의 변화를
유도하는 법

1

칭찬하고
부드러운 방법으로 대하라

타인을 비판하기에 앞서 먼저 진심어린 칭찬을 해주어라. 곧바로 '하지만' 이라고 말하지 마라. '하지만'이 비판을 위한 비판으로 둔갑할 때 사람들은 칭찬의 진의를 의심하게 된다. 그러니 '그리고'라는 말로 당신의 기대감을 보여주어라. 예를 들어. "존, 성적이 날로 향상되는 걸 보니 무척 기쁘네. '하지만'…"이라고 말하는 대신 "성적이 날로 향상되어 가는구먼. 그리고 더 열심히 하면 정말 잘할 수 있을 거야."라고 칭찬하라.

대통령의 칭찬

캘빈 쿨리지 대통령이 재임했던 시절, 내 친구가 백악관으로 초청받은 적이 있었는데 그가 대통령의 개인 집무실에 막 들어서는데 쿨리지가 비서에게 말했다.

"오늘 옷이 아주 멋지네요! 정말 매력적이오."

평소 과묵한 대통령이 이런 칭찬을 하다니, 분명 놀랄 만한 일이었다. 생각지도 못한 칭찬을 들은 여비서는 몸 둘 바를 몰라 하며 얼굴까지 붉어졌다. 그러자 대통령은 웃으며 말했다.

"그렇게까지 놀랄 거 없어요. 기분이 좋아지라고 한 말이니까. 앞으로는 공문서를 쓸 때 구두점에 주의를 기울여줬으면 좋겠군요."

❀ 면도를 하기 전에도 먼저 비누 거품을 문지르지 않는가. 불쾌한 말도 기분 좋은 칭찬에 이어 들으면 그다지 불쾌하지 않은 법이다. 쿨리지가 이러한 사실을 알고 있었는지는 모르지만 그는 분명 심리학적 기교에 능통한 사람이었다.

하나뿐인 성씨

와크 건축회사의 가우 씨는 필라델피아에서 진행된 우리 세미나 코스의 수강생이었다. 여느 사람들과 다름없이 평범한 그가 들려준 이야기는 다음과 같았다.

와크 건축회사는 필라델피아의 대규모 빌딩 건축공사

를 수주하여 준공 일을 눈앞에 두고 있었다. 일은 계획대로 차질 없이 진행되어 마침내 완공 단계에 들어섰다. 그런데 하필이면 이때 심각한 문제가 터지고 말았다. 빌딩 외장공사에 사용할 청동장식 납품업자가 납기일을 맞출 수가 없다고 통보한 것이다. 그렇게 되면 공사 전체가 연기되어 거액의 손해를 떠안아야 할 판이었다. 가우 씨는 장거리 전화로 치열한 논쟁을 벌였지만 아무런 소용이 없었다. 그리하여 그는 마침내 하청업체와 교섭을 벌이기 위해 뉴욕 행 비행기에 몸을 실었다.

가우 씨는 사장실에 들어서면서 이렇게 말문을 열었다.

"브루클린에는 사장님의 성씨가 사장님 한 분밖에 없더군요. 알고 계셨어요?"

사장은 의외라는 듯 고개를 내저으며 대답했다.

"아, 그래요? 몰랐는데요."

"사장님께 전화를 걸려고 전화번호부를 뒤졌는데 사장님 성씨는 브루클린에 단 한 사람밖에 없던걸요."

그는 흥미를 느낀 듯 직접 전화번호부를 뒤져보더니 무척이나 자랑스러운 말투로 자신의 집안에 대한 이야기를 늘어놓기 시작했다.

"하긴, 제 성씨가 흔한 건 아니지요. 제 선조는 200년 전에 네덜란드에서 뉴욕으로 이주해오셨답니다."

가우 씨는 다시 칭찬을 늘어놓았다.

"이렇게 규모가 크고 훌륭한 청동 공장은 본 적이 없습니다."

"이 공장을 짓는데 얼마나 많은 땀을 흘렸던지… 무척 자랑스러운 곳이랍니다. 한번 둘러보시겠습니까?"

공장을 한 바퀴 돌아본 가우 씨는 공장의 조직체계에 대해 칭찬했다. 다른 공장과 비교해 어떠어떠한 점이 탁월하다는 등의 구체적인 칭찬을 해준 것이었다. 이에 사장은 공장 내 몇몇 특수 기계는 자신이 직접 개발한 것이라며 자랑을 늘어놓았다. 한참 동안이나 기계의 성능과 사용방법에 대해 자세히 설명해주던 사장은 이어 함께 식사를 하자며 가우 씨를 잡아끌었다. 가우 씨는 이때까지도 자신이 온 이유에 대해서는 한 마디도 꺼내지 않았다. 점심식사가 끝난 후 사장은 함박 미소를 머금고 이렇게 말했다.

"그럼 일 얘기를 해볼까요? 선생님이 오신 이유는 잘

알고 있습니다. 하지만 이렇게 이야기가 잘 풀릴 줄은 몰랐네요. 필라델피아로 돌아가서 기다리시면 물품은 차질 없이 배송해드리겠습니다. 다른 주문이 늦어지더라도 와코 측 물품은 기일 내에 보내드릴 테니 걱정 마세요."

덕분에 가우 씨는 자칫하면 늦어질 뻔했던 공사를 기한에 맞춰 완공할 수 있었다. 만약 가우 씨가 보통 사람들처럼 강압적인 태도로 윽박질렀다면 상황은 어떻게 되었을까?

✤ 가우 씨는 어떠한 요구도 하지 않은 채 자신의 목표를 이루어냈다. 만약 가우 씨가 사장과 격렬한 논쟁을 벌였다면 이렇게 만족스러운 결과를 얻을 수 있었을까? 물론 아니다. 상대의 반감을 사서는 결코 그를 변화시킬 수 없다. 먼저 진심 어린 칭찬으로 상대의 마음을 열어라.

실수투성이 출납계원

뉴저지 주 연방신용조합의 지점장인 도로시 레블류스키는 우리 세미나에서 한 인턴사원의 경우에 대해 이야기해주었다.

"저희는 최근에 출납계 인턴사원을 고용했습니다. 고

객에게 친절하고 업무능력도 우수한 사원인데 마감회계를 할 때 문제가 생겼습니다. 출납계 팀장은 그녀를 해고시켜야 한다고 강력하게 주장했습니다.

'그녀 한 사람 때문에 업무 전체가 늦어지고 있어요. 몇 번이나 가르쳐줬는데도 도대체 알아듣질 못해요.'

이튿날, 전 그 인턴사원이 일반 업무에서는 누구보다 빠르고 정확하게 업무를 처리하고 있음을 알게 되었습니다. 단지 마감회계에 서툴렀기에 실수가 잦았던 것뿐이었지요. 그래서 다들 퇴근한 후에 전 그녀와 단둘이 이야기를 나눴습니다. 먼저 고객에 대한 성실한 태도와 빠르고 정확한 업무능력에 대해 칭찬을 해주었지요. 그리고 저희 회사에서 사용하는 회계 프로그램에 대해 찬찬히 설명해주었습니다. 제 격려에 자신감을 얻은 그녀는 곧 해당업무를 빠르게 터득했습니다. 그리고 그날 이후로는 아무런 실수도 하지 않았지요."

❊ 갓 업무를 시작했을 때에는 누구나 초조하고 불안하기 마련이다. 과연 이 일을 잘 해낼 수 있을까? 난 왜 이렇게 실수를 많이 할까? 하지만 이는 성장해가기 위한 단계에 불과하다. 그러니 해충을 잡을 때는 살충제만 적당히 뿌려주면 된다.

담배 한 개비

어느 날 오후, 철강공장을 둘러보던 슈왑은 '금연'이라는 팻말 아래서 담배를 피우던 종업원들을 발견했다. 그렇다면 그는 대체 글자도 읽을 줄 모르냐고 호된 질책을 퍼부었을까? 물론 아니다.

슈왑은 오히려 담배를 한 개비씩 나누어주며 이렇게 말했다.

"이보게들, 밖에 나가 피워주면 더 고맙겠네."

종업원들은 잘못을 비난하기는커녕 작은 선물까지 나누어준 슈왑에게 무한한 존경심을 느끼게 되었다.

❀ 규범을 어겼는데 비난은커녕 호의를 받는다면 무척 부끄러울 것이다. 때문에 같은 잘못을 되풀이하지 않도록 애쓰게 되리라. 자, 그러니 비난받아 마땅한 사람이라도 그를 격려하고 지지해주어라.

깨끗해진 앞뜰

집수리를 하는 인부들에게 항상 현장 부근을 깨끗하게 하는 방법이 있을까? 여기 로드아일랜드에 사는 마지 제이콥 부인의 경험담을 들어보자.

공사를 시작하고 처음 며칠 동안, 집안의 정원에는 온통 지저분한 잡동사니들로 가득했다. 하지만 제이콥 부인은 인부들과 논쟁을 벌이는 대신 아이들과 함께 나무 부스러기 등을 주워 한쪽에 가지런히 정리해두었다.

그리고 다음날 아침, 공사 담당자에게 "어제 저녁에 저렇게 깨끗하게 정리해주고 가셔서 너무 감사해요. 이웃에도 폐가 안 되었어요."라고 말했다. 그날 이후로 공사장 인부들은 작업을 마칠 때마다 나무 부스러기 등을 가지런히 정리해두고 돌아갔다.

⚜ 상대의 체면을 살려주며 스스로 잘못을 인식하도록 만드는 사람들이 있다. 하지만 이렇게 현명하고 교양 있는 사람들은 극소수일 뿐 대부분은 상대를 비난하고 질책하는 데 몰두한다.

연설문 원고

1887년 3월 8일에 탁월한 연설가였던 헨리 워드 비처가 세상을 떠났다. 그리고 그 다음 주 일요일, 라이먼 애벗은 원래 비처가 하기로 예정되어 있던 연설을 대신 맡아달라는 부탁을 받았다. 애벗으로서는 여간 부담스러운 일이 아닐 수 없었다.

그는 완벽을 기하기 위해 수차례 원고를 썼다 지우기를 반복했고 마침내 완성된 원고를 아내에게 읽어주었다. 하지만 글로 쓴 설교문이 다들 그렇듯 그 원고도 형편없었다. 만약 애벗 부인이 교양 없는 여자였다면 이렇게 말했을지도 모른다.

"여보, 정말 형편없어요. 도저히 안 되겠어요. 이런 원고로 연설을 하면 다들 졸게 뻔하다고요. 무슨 강의를 듣는 것도 아니고 이렇게 지루해서야… 그렇게 오랫동안 연설을 했는데 좀 자연스럽게 할 수 없어요?"

하지만 사람의 심리에 정통했던 애벗 부인은 "이 원고를 〈노스 아메리카 리뷰〉에 실으면 정말 좋은 글이 될 거예요."라고 에둘러 비평했다. 남편의 원고를 칭찬하는 동시에 연설문으로는 어울리지 않는다는 사실을 간접적으로 알렸던 것이다. 이에 애벗은 부인의 뜻을 알아채고, 원고 없이도 훌륭한 연설을 해냈다.

❀ 애벗 부인은 직접적으로 비판을 할 수도 있었다. 하지만 만약 그랬다면 결과는 어찌 되었겠는가? 아마 남편의 체면을 깎아내린 멍청한 여인으로 더 이상 남편의 신뢰와 사랑을 얻지 못했을 것이다. 자, 직원과 아이들에게도 마찬가지이다. 장점은 칭찬해주고 단점은 간접적으로 알게 해주어라.

안전모 착용하기

어느 건설현장의 안전요원이었던 저스틴은 공사장 인부들이 안전모를 제대로 착용했는지 확인하는 업무를 맡고 있었다. 그는 안전모를 미착용한 인부들에게 규정을 준수하도록 종용하면서 또다시 어기면 상부에 보고하겠다며 위협을 가하기도 했다. 인부들은 마지못해 그의 명령을 따랐으나 그가 보이지 않을 때는 곧바로 안전모를 벗어버리곤 했다.

이에 저스틴은 다른 방법을 강구해보기로 했다. 안전

모를 쓰지 않은 사람을 만날 때면 혹시 안전모가 불편하지 않은지, 어딘가에 문제가 있지 않은지 친절하게 물어보았다. 그러고는 혹시 모를 사고를 예방하기 위해서는 안전모를 착용하는 것이 좋다고 다정스레 말을 건넸다. 그 이후로는 기꺼이 안전모 규정을 준수하는 사람들이 점차 늘어났다.

❀ 사람이란, 때로 누군가 일깨워주지 않으면 정작 중요한 것을 잊고 사는 미련한 존재이다. 때문에 타인의 비판이 필요한 것이다. 하지만 지나치게 직설적이고 격렬한 비판에는 반항심이 싹트기 마련이다. 대신 누군가 자신을 위해 진심으로 걱정해준다는 것을 느낄 때 기꺼이 잘못을 고칠 수 있다.

불시착 후의 태도

유명한 비행사였던 폴은 각종 대회에서 에어쇼를 펼치곤 했다. 한번은 그가 산티아고 에어쇼에서 공연을 하던 도중, 고도 100미터 지점에서 엔진에 불이 붙고 말았다. 폴은 가까스로 무사히 착륙했지만 기체는 심각하게 손상되고 말았다.

불시착을 한 후에 폴은 가장 먼저 기체의 연료를 점검해보았다. 그의 예상대로 연료탱크에는 기체연료가 아닌 분무식 연료가 탑재되어 있었다. 폴이 비행기 담당 정비사를 찾아갔을 때, 아직 젊었던 그 정비사는 자신의 실수에 무척 괴로워하고 있었다.

자신의 사소한 실수로 고가의 비행기가 치명적인 손실을 입었을 뿐 아니라 자칫 세 사람의 목숨도 앗아갈 뻔했던 것이다. 폴이 얼마나 분노했을지는 미루어 짐작해볼 수 있다. 하지만 그는 정비사를 질책하거나 욕하지 않았다. 오히려 눈물범벅이 된 정비사의 어깨를 두드려주며 이렇게 말했다.

"난 자네가 다시는 실수를 저지르지 않을 거라고 믿네. 그러니 내일 내 비행기를 정비해주게나."

❖ 관용은 엄중한 질책보다 훨씬 효과적이다. 현명한 자들에게만 보이는 이런 비범한 태도는 어떤 질책이나 비난보다 효과적으로 사람을 움직일 수 있다.

2

자신의 잘못을
먼저 이야기하라

자신의 약점과 잘못을 이야기한다고 해서 사랑받지 못하는 것은 아니다. 사람들은 오히려 당신을 기꺼이 받아들이고 자신의 단점까지도 자연스레 드러낼 것이다. 사람이란 무릇 불완전한 사람에게 더욱 편안함을 느끼기 때문이다.

나도 예전에는 그랬지

몇 년 전, 열아홉 살짜리 조카 조세핀이 고향 캔자스를 떠나 뉴욕에서 내 비서업무를 맡았다. 당시 조세핀은 갓 고등학교를 졸업한 터라 사회경험이 전무했고, 업무를 처리하는 데도 미숙한 점이 너무 많았다. 하지만 매번 그 아이를 야단치려고 할 때마다 스스로 이렇게 되뇌었다.

"잠깐만, 데일. 넌 조세핀보다 두 배는 더 살았으니 그 아이보다 경험이 많은 건 당연하잖아. 그러니 조세핀에게 너만큼의 판단력과 창의력을 기대하긴 무리잖아? 이봐, 데일. 네가 열아홉 살 때는 어땠지? 그 수많은 실수와 판단 착오를 잊진 않았겠지?"

이렇게 생각하자, 당시 열아홉 살의 나보다는 오늘날의 조세핀이 훨씬 잘하고 있다는 생각이 들었다. 그래서 난 야단을 치는 대신 이렇게 말했다.

"조세핀, 실수를 했구나. 하지만 나 역시도 네 나이 때는 말도 안 되는 우스운 실수를 숱하게 저질렀단다. 판단력이란 경험을 쌓으면서 얻게 되는 것이니 걱정하지 않아도 돼. 다만 네가 이렇게 해본다면 훨씬 잘할 수 있지 않을까?"

❋ 당신의 기준으로 상대를 판단하지 마라. 세상 밖에 나가보지도 못한 사람이 외교관처럼 행동할 수야 없지 않은가! 그리고 비판할 때에 상대의 지적 수준 등을 거론함으로써 자존심에 상처를 내지 마라. 세상에 완벽한 사람은 없는 법이다.

오타 줄이기

엔지니어인 딜리스톤 씨는 매번 타이핑할 때마다 오타를 내는 비서 때문에 골치를 썩이고 있었다. 그가 내게 들려준 이야기는 다음과 같았다.

"처음에는 실수를 몇 번 수정해 주었는데 도무지 개선의 여지가 없더군요. 제 비판에 별로 신경 쓰지 않더라고요. 그래서 전 다른 방법을 쓰기로 했습니다. 사실, 저 역시도 다른 엔지니어들처럼 철자법에 익숙하지 않았습니다. 그래서 작은 색인사전을 들고 글을 쓸 때마다 확인하는 습관이 있었지요.

얼마 후, 그녀가 또 오자를 냈을 때 전 '이 글자는 틀린 것 같은데… 하긴, 나도 가끔 틀리는 글자야. 그래서 매번 사전으로 확인을 하지'라고 말하며 제 사전을 펼쳐 보여주었습니다. '여기 있군. 그런데 이런 사소한 일에 실수를 하면 프로답지 않아 보여. 그래서 작은 일일수록 더욱 신경을 써야 하지.'

그녀가 제 방식을 따라했는지는 모르겠지만 그날 이후 실수가 눈에 띄게 줄어들었습니다."

❀ 자신이 완벽하다고 믿는 바보들은 타인의 잘못을 들춰내는 데 정신이 팔려 있다. 물론 이들의 비판이 정당할 수는 있으나 결코 상대의 마음을 움직일 수는 없다.

어리석은 황제

1909년, 온화한 성품의 폰 뵐로 왕자는 자신을 낮추고 남을 칭찬하는 방법의 필요성에 대해 절감했다.

당시 독일 최후의 황제인 빌헬름 2세는 그 어느 때보다 강력한 육해군을 육성하고 있었다.

그때 온 세상을 뒤흔들어 놓을 만한 사건이 벌어졌다. 거만하고 안하무인인 빌헬름 2세가 영국을 향해 어리석기 그지없는 황당무계한 의견을 발표하고, 이를 〈데일리 텔레그래프〉지에 실어도 좋다고 윤허를 내린 것이었다.

그는 자신이 영국에 호감을 가진 유일한 독일인이라는 둥, 일본에 대항하기 위해 해군을 육성하고 있다는 둥, 게다가 자신이 아니었다면 영국은 진즉에 러시아로부터 온갖 수모와 모욕을 당했을 거라는 둥의 폭탄발언을 서슴지 않았다. 심지어 영국의 로버트 경이 남아프리카를 정복한 것 역시 자신의 계획이었다는 말까지 내뱉었다.

근 백여 년간 평화로웠던 유럽에서 그렇게 충격적인 발언을 한 사람은 빌헬름 2세밖에 없었다. 온 유럽은 분노와 충격에 휩싸였다. 특히 영국인들의 분노는 하늘을 찔렀고 독일의 정치가들은 날벼락을 맞은 듯 망연자실했다.

상황이 이렇게 되자 빌헬름 2세도 사태의 심각성을 깨닫기 시작했다. 그는 어찌할 바를 몰라 폰 뷜로에게 책임을 떠넘기려했다. 뷜로 왕자의 조언으로 그런 성명을 발표한 것이라고 말을 돌릴 속셈이었다.

이에 폰 뷜로는 이렇게 말했다.

"전하, 그 누구도 제가 감히 전하께 그런 충고를 했으리라고 믿을 사람은 없을 것입니다."

하지만 이 말을 끝내기도 전에 뷜로는 자신이 중대한 실수를 저질렀음을 눈치챘다. 과연 빌헬름 2세는 격분하여 소리쳤다.

"그래! 자네가 보기엔 내가 멍청이로 보이겠지. 자네라면 이런 실수 따위는 저지르지 않았을 테니 말일세."

황제를 비난하기에 앞서 칭찬을 했어야만 했지만, 때

는 이미 늦어버린 후였다. 하지만 뷜로 왕자는 다시 공손하게 말했다.

"전하, 제 말뜻은 그것이 아닙니다. 다방면에 걸친 전하의 지성을 제가 어찌 따라가겠습니까. 특히 해군이나 자연과학 부문에 있어서는 더 할 말이 없지요. 전하께서 기압계나 무선전신 등에 대해 말씀하실 때는 그저 탄복할 따름입니다. 제 지식이 일천하여 아무것도 이해하지 못하는 것이 부끄러울 뿐이지요. 다만 부족한 저로서도 역사나 정치, 외교 부문에는 짧은 지식이나마 갖고 있답니다."

그러자 빌헬름 2세의 얼굴에 노기가 가시기 시작했다. 뷜로 왕자는 자신의 부족함을 드러내고 황제를 칭찬함으로써 그의 노여움을 풀어준 것이었다. 마침내 황제는 왕자의 손을 부여잡고는 기쁜 목소리로 이렇게 말했다.

"역시, 내 든든한 양팔이 되어줄 자는 자네밖에 없네. 앞으로도 계속해서 나를 도와주게나. 누구라도 감히 자네를 해하려는 자가 있으면 내가 멋지게 갈겨주겠네."

능수능란한 외교가였던 뷜로 왕자는 시의적절하게 위기를 모면했지만, 천하의 그 역시도 실수를 하고 말았다.

황제를 모자란 사람으로 취급하는 대신 그의 뛰어난 점을 먼저 언급했어야 했던 것이다.

❦ 자신을 낮추고 상대를 칭찬할 줄 알면, 거만하기 그지없는 사람도 진실한 친구로 변모시킬 수 있다. 칭찬과 겸허를 적절히 활용하라. 그리하면 생각지도 못한 기적을 만날 수 있으리라. 이로써 상대는 당신의 이야기에 좀 더 귀를 기울일 것이다

담배의 해로움

클라란스 제르허센은 내게 다음과 같은 이야기를 들려주었다.

"열다섯 살짜리 아들이 담배를 피운다는 걸 알았을 때 전 무척 충격을 받았습니다. 데이비드만은 담배를 피우지 않길 바랐지만, 저 역시 담배를 피우고 있던 터라 그 아이를 설득할 방법이 없었지요. 결국 전 제가 어린 나이에 담배를 시작해서 건강을 해치게 된 상황과 담배를 끊고 싶지만 너무나 힘이 든 현실에 대해 차분히 이야기해주었습니다.

담배를 반드시 끊어야 한다는 등의 훈계 대신, 남모를

제 고충에 대해 솔직히 이야기해준 것이지요. 그러자 데이비드는 한참을 생각하더니 고등학교를 졸업할 때까지는 담배를 피우지 않겠다고 말했습니다.

그리고 몇 년이 지난 지금까지도 데이비드는 담배를 피우기는커녕 피울 생각조차 하지 않습니다. 저 역시 담배를 끊기로 결심했고 가족의 도움을 받아 결국에는 금연에 성공했습니다."

❀ 오점을 발견했을 때는 시기적절하게 고쳐야 한다. 하지만 잘못을 시인하지 않고 오히려 고집만 부린다면 상대에게 핑곗거리를 제공해줄 뿐이다.

3

지시받고 싶은 사람은
아무도 없다

> 딱딱한 어조로 명령을 늘어놓는 사람만큼 귀찮은 불청객은 없다. 스스로는 대단하다고 생각할지 모르지만, 이만큼 교양이 없음을 드러내는 습관도 없다.

화술의 미학

얼마 전, 저명한 전기 작가인 아이다 타벨 여사와 함께 식사할 기회가 있었다. 그녀는 내가 인간관계에 관한 책을 쓴다는 것을 알고 '사람들을 어떻게 대할 것인가'에 대한 의견을 제시해주었다.

일전에 여사가 오웬에 관한 전기를 쓰고 있을 때였다. 그녀는 오웬의 동료를 인터뷰했는데 그는 지난 3년 동안 오웬이 누군가에게 명령을 내리는 것을 한 번도 본 적이 없다고 말했다. 오웬은 언제나 지시가 아닌 제안을 했다.

이를테면, "이렇게 하시오, 저렇게 하지 마시오."라는 말 대신 "이렇게 생각해 보면 어떨까?", "그렇게 하면 될 것 같은가?"라고 말했다. 그는 원고를 마무리할 때마다 "자네 생각은 어떤가?"라고 넌지시 물어보았으며, 구술시킨 편지가 마음에 들지 않을 때에도 "이 부분은 고치는 게 어떨까? 좀 가벼워 보이지 않는가?"라고 차분하게 의견을 전했다. 그는 일방적으로 지시하는 대신 상대에게 일에 관한 권한을 부여해주었다. 그리하여 실수를 통해 경험을 쌓고 교훈을 얻을 수 있도록 해 주었던 것이다.

❉ 복종하길 좋아하는 사람은 없다. 이에 오웬은 상대의 자존심을 지켜줌으로써 보다 유연하고 효율적인 협력을 이끌어 냈다.

아이디어 채택

노스캐롤라이나 주 출신의 캐서린은 어느 방직공장의 감독자로 일했다. 그녀는 내게 민감한 문제를 다루는 방식에 대해 이야기해주었다.

"노동자들의 작업 의지를 북돋아주기 위해 생산 작업량에 따라 보상금을 지급했습니다. 그런데 생산제품이 두세 종류에 지나지 않았을 때에는 이러한 보상책이 효과가 있었지만, 생산품목이 열두 종으로 늘어나면서 기존의 보상책은 의미가 없어졌습니다. 더 이상 노동자들의 노동 의욕을 자극하지 못한 것이지요.

그래서 전 각 개인이 생산하는 제품에 등급을 나누어 그에 따른 합당한 보상금을 지급한다는 아이디어를 냈습니다. 그리고 공장 관리자들에게 제 방법이 옳다고 설파했지요. 전 기존 방식의 허점을 상세히 설명하며 제 아이디어를 주지시켰습니다. 하지만 지나치게 제 의견만 고집한 결과 다른 가능성을 무시한 꼴이 되고 말았지요.

세미나에 참여한 이후에 제 잘못을 깨달았습니다. 그래서 먼저, 관리자 회의를 소집했습니다. 그리고 가장 좋은 해결책이 뭐가 있을까 함께 이야기해보았습니다. 전 종전과는 다르게 차분히 제 의견을 설명했고, 회의가 끝날 때쯤에는 결국 제 아이디어가 채택되었습니다."

❀ 누군가 자신의 의견과 생각을 물어올 때 사람들은 뿌듯함을 느낀다. 그러니 일방적인 명령이나 강요로 일할 때에는 분명 유쾌할 수 없다. 상대에게 자신의 의견을 강요하지 마라. 스스로도 강요당하길 싫어하면서 왜 타인에게 강요하려 하는가?

학생들의 불만

펜실베이니아 주에서 교사로 일하는 댄 산타렐리는 학교에서 한 학생이 진입로에 불법주차를 해 놓았던 일에 대해 이야기해주었다.

한 교사가 식식거리며 교실에 들어와서 소리쳤다.

"진입로를 막아놓은 건 대체 누구 차야?"

차 주인이 대답하자 선생은 험악한 목소리로 소리 질렀다.

"당장 차를 빼. 안 치우면 끌어내버릴 테니까." 학생은 하는 수 없이 수업 도중에 차를 빼러 나가야했다. 하지만 그날 이후, 많은 학생들이 그 선생에게 불만을 표하며 말을 듣지 않았다.

만약 그 교사가 조금 다른 방식으로 의견을 피력했다면 어땠을까?

통로에 세워둔 차가 누구 건지 물은 뒤 다른 사람들을 위해 차를 옮겨주었으면 좋겠다고 제안했다면 학생은 기꺼이 그렇게 했을 것이고 그 선생은 학생들의 존경을 한 몸에 받았을 것이다.

❀ 군대에서는 명령을 어기면 엄중한 처벌을 받는다. 왜 그래야만 할까? 이는 다음과 같은 명제로 설명할 수 있다. '명령에 복종하길 좋아하는 사람은 없다.' 일방적인 명령은 반항심을 불러일으키기도 한다. 제안이 아닌 명령을 강요당할 때는 누구라도 불쾌해지지 않겠는가?

갑작스런 주문

남아공 요하네스버그에서 작은 정밀기기 부품공장을 운영하는 이안 맥도널드는 어느 날 대량의 긴급주문을 받게 되었다. 하지만 아무리 날짜를 계산해 봐도 도저히 기한 내에 납품을 할 수 없을 것 같았다.

공장의 작업 스케줄은 이미 정해져있던 터라 단기간에 대량생산은 어려울 듯 보였다. 그래서 이안은 공장 노동자들을 불러 주문 상황에 대해 상세히 설명해주었다.

"우리가 이 주문을 어떻게 처리하면 좋을까요? 생산속

도를 높이기 위해서 작업 스케줄이나 분업방식을 조정할 수 있을까요?"

이에 노동자들은 각기 다양한 의견을 제시했고 결국 주문을 받아들이기로 결정했다. 그들은 '할 수 있다'는 태도로 문제를 기꺼이 받아들였으며, 마침내 기한에 맞춰 주문량을 완성해냈다.

❀ 금자탑의 축조 과정에 대해 의문을 제기하는 사람이 있다. 금자탑은 노예들이 아닌 신실한 마음을 가진 지원자들이 건설했다는 것이다. 그렇지 않다면 어찌 그리 완벽하게 아름다울 수 있겠는가? 여기서 우리는 한 가지 교훈을 얻을 수 있다. 온 마음을 쏟아 행하는 일만이 비로소 완벽해질 수 있다는 것이다. 명령과 압제 속에 억지로 행하는 일은 결코 완벽히 아름다울 수 없다.

4

상대의 자존심을 생각하고
체면을 세워 주어라

누구에게나 자존심은 있으며, 사람들은 이를 위해 어떤 대가라도 감
수할 준비가 되어있다.

부사장의 책망

펜실베이니아 주에 사는 프래드 클라크는 자신의 회
사에서 일어난 일을 이야기해주었다.

"한번은 부사장이 회의석상에서 어느 생산 감독자에
게 매우 날카로운 질문을 던졌습니다. 당시 생산관리 공
정을 책임지고 있던 그 감독자는 매우 탁월한 전문가였
는데, 부사장은 어쩐 일인지 무척 공격적인 어조로 날카
롭게 질문을 해댔습니다.

부사장은 감독자가 난처해하는 모습에 아랑곳하지 않았고 사람들 앞에서 당황한 감독자는 그저 말을 돌리기에 바빴습니다. 이 때문에 부사장은 더욱 화를 냈고 결국 감독자를 '거짓말쟁이'로 몰아붙이며 질책해댔습니다.

본래 유능했던 감독자는 순식간에 쓸모없는 사람으로 전락해버렸고, 그의 근로의욕도 한순간에 꺾이고 말았습니다. 몇 달 후에 그는 다른 경쟁업체로 이직해버렸는데, 듣자하니 그곳에서는 무척 일을 잘하고 있다고 합니다."

❀ 인간의 가장 큰 약점은 '체면'을 중시한다는 것이다. 그러니 자신의 체면뿐만 아니라 타인의 체면도 지켜주어야 한다. 누구나 최후의 심리방어선을 갖고 있는데, 일단 이것이 무너지면 결국 '자위'라는 수단에 도달할 수밖에 없다. 이는 스스로를 보호할 수도 혹은 무너뜨릴 수도 있는 힘이다.

상사의 배려

식품포장회사의 마케팅전문가로 근무하는 안나 마조네는 우리 세미나에서 자신이 저지른 실수에 대해 발표했다.

"신상품의 테스트 마케팅 결과가 나왔을 때 전 어찌해야 할 바를 몰랐습니다. 기획 단계에서 중대한 실수를 저지른 탓에 테스트 자체를 다시 시행했어야 했거든요. 엎친 데 덮친 격으로 다음번 회의에서 테스트결과를 보고하기 전까지 상사와 이 문제를 협의할 시간조차 없었습니다. 보고 당일에 제 차례가 되었을 때 무척 긴장했습니다. 두 무릎이 떨려서 제대로 서 있을 수조차 없었지요. 하지만 마음을 안정시키려고 속으로 수없이 중얼거렸습니다. '침착해, 침착!'

전 여자란 너무 감정적이라 중요한 일을 맡길 수 없다는 따위의 말을 듣고 싶지 않았기에 절대로 울지 않겠다고 다짐했습니다. 그리고 간단히 보고를 마친 후, 실수를 범했기 때문에 다음 회의에 다시 보고하겠노라고 말씀드렸지요.

그런데 상사는 질책을 하기는커녕 '수고했네. 새로운 프로젝트에는 실수가 있기 마련이야. 다음번에는 잘해줄 것으로 믿네.'라고 말해주었습니다. 회의를 마친 후, 조금은 혼란스러웠지만 다시는 그 분을 실망시켜드리지 않겠다고 다짐했습니다."

❀ 사람의 자존심에 상처를 주는 행위는 범죄나 다름없다. 중요한 것은 당신이 그 사람을 어떻게 생각하느냐가 아니라 그 사람이 스스로를 어떻게 생각하느냐 하는 것이다. 상대가 틀렸다면 그 자신이 당신보다 더 잘 알고 있을 것이다. 그러니 비난과 질책을 늘어놓기보다 관용과 위로를 보여주어라. 그리하면 상대는 당신의 배려에 감동하여 더욱 자신을 부끄러워할 것이다.

새로운 직책

몇 년 전, 제너럴 일렉트릭사는 부사장 찰스 스타인메츠를 해임해야 하는 문제에 직면했다. 그는 전기에 관한 한 업계 최고의 인재였으나 회계부 관할 부사장으로서는 영 형편없었다. 스타인메츠는 무척 예민한 성격인데다 전기학 부문에서 그만한 인재를 찾기도 힘들었기 때문에 회사 측에서는 이 문제를 어찌 처리해야 할지 고심을 거듭했다. 마침내 회사 측에서는 그에게 '고문 엔지니어'라는 새로운 직책을 부여했다.

이에 스타인메츠는 무척 기뻐했고 그룹회장 역시 만족스러워했다. 그들은 괴팍한 성미의 고위급 관리를 적절히 대접해줌으로써 자칫 불쾌할 수도 있는 일을 매끄럽게 처리해냈다.

❀ 사람들은 상대의 잘못을 꼬집어내어 기분을 상하게 하는 데 일가견이
있다. 하지만 타인을 비판하여 얻는 것이 무어란 말인가? 사람이라면 누
구나 자존심을 갖고 있다. 만약 상대가 당신을 함부로 대한다면 당신은
어떻겠는가?

원만한 해고

공인회계사인 마셜 그랜저는 내게 다음과 같은 편지
한 통을 보내왔다.

"고용인을 해고한다는 건 그리 기분 좋은 일은 아니지
요. 해고되는 입장에서는 분명 불쾌하고 괴로운 일일 테
니까요. 하지만 저희 업무 자체가 시즌적인 성향이 강하
기 때문에 매년 3월 즈음에는 많은 직원들을 해고해야
합니다. 때문에 심리적 부담감을 가진 업계에서는 가능
한 간소하고 빠르게 해고절차를 진행하지요. 직원을 해
고할 때, 저희는 통상적으로 이렇게 말합니다.

"이리 앉으시지요. 이번 분기가 끝났으니 더 이상 진행
되는 업무도 없습니다. 알고 계시겠지만, 저희가 바쁠 때

에만 일시적으로 고용하기로 했었잖습니까."

이 말을 들은 당사자는 마치 내팽개쳐졌다는 느낌을 받게 되겠지요. 평생토록 회계업무를 해왔더라도, 이렇듯 아무렇지 않게 직원을 내치는 회사에 애정을 가질 리는 만무합니다.

결국 저는 좀 더 직원들을 배려하는 입장에서 일을 처리하기로 마음먹었습니다. 개개인과 업무에 대한 면담을 하면서 이야기하는 겁니다.

"아무개 씨, 이번 분기 성과가 무척 탁월하군요. 특히 뉴욕에 파견되었을 때, 무척 세심하고 꼼꼼하게 일을 처리해주어서 감사합니다. 아무개 씨와 같은 인재와 함께 할 수 있어서 정말 영광이었습니다. 능력이 출중하신 분이니 어딜 가시더라도 잘하실 거라고 믿습니다. 언제나 아무개 씨를 지원하고 있다는 것을 잊지 마십시오!"

그 결과, 사람들은 해고를 당하면서도 버려진다는 느낌은 갖지 않게 되었습니다. 뿐만 아니라 회사 측에서 필요하다면 언제든 고용해줄 거라고 믿게 되었지요. 물론, 다음 분기에 저희는 다시 그들을 고용했고 그들도 기꺼이 회사로 와주었습니다."

❀ 사람은 체면을 중시하는 동물이다. 심지어 '체면'을 지키기 위해 목숨을 버리는 경우도 있지 않은가. 상대의 자존심을 짓밟고 상처를 줄 때, 당신은 원한에 쌓인 적을 한 명 더 갖게 되었을 뿐이다. 설사 그가 원한은 품지 않았더라도 적어도 당신에게 호감을 가질 리 만무하다. 자, 굳이 적을 만들 필요가 있는가?

승자의 자세

1922년, 수백 년에 걸친 극심한 대립 끝에 터키인들은 자국 영토에서 그리스인들을 추방하기로 결정했다.

터키 대통령 무스타파 케말은 신중한 어조로 병사들에게 말했다.

"우리의 목표는 지중해다."

이 말 한마디로 근대역사상 가장 치열했던 전쟁이 시작되었고 결국 터키가 승리했다. 터키군은 그리스의 두 장군, 트리코피스와 디오니스가 케말에게 투항하러 가는 동안 끝없이 저주와 욕설을 퍼부었다. 하지만 케말은 전혀 승리자의 위용을 뽐내지 않았다. 오히려 그리스 장군들의 손을 부여잡으며 위로했다.

"이리 앉으시지요. 많이 피곤하시겠습니다."

그는 그리스 장군들과 전시상황에 관한 이야기를 나눈 뒤 웃으며 말했다.

"사실 전쟁이란 게임과 같아서 아무리 뛰어난 사람들도 가끔 지곤 한답니다."

❀ 사람들은 언제나 실패의 핑계를 찾곤 한다. 하지만 상대가 먼저 위로의 말을 건네면 오히려 스스로의 잘못을 인정하고 만다. 그래야만 자신이 더욱 고상해 보이지 않겠는가?

개구쟁이에게 감투를

켄트 부인은 자신이 정성껏 가꾼 잔디밭을 짓밟고 다니는 동네 개구쟁이들을 어떻게 다루어야할지 고민하다 한 가지 묘책을 생각해냈다.

가장 말썽꾸러기 소년에게 '탐정'이라는 직함을 주고 잔디밭의 침입자를 물리칠 권한을 부여해준 것이었다. 권력을 쥐게 된 소년은 탐정의 의무를 충실히 이행했다. 심지어 뒤뜰에 불을 피워놓은 채 밤늦게까지 잔디밭을 사수하기도 했다.

✤ 사람들은 자신의 이름을 무척 중요하게 여긴다. 뿐만 아니라 자신의 권위 또한 귀중한 가치로 받아들인다. 사람은 권력과 권위 등을 소유함으로써 '위대한 인물'과 동등하다는 허영심을 누리고자 한다. 그러니 상대에게 권위를 부여해주어라. 이는 그에게 반드시 엄청난 힘을 불어넣어 줄 것이다.

직함을 부여하다

뉴욕에서 인쇄회사를 경영하고 있는 윈트는 한 직원의 불량한 업무태도를 바로잡고 싶었다. 그 기계공은 밤낮으로 돌아가는 수십 대의 기계를 관리하고 있었는데, 언제나 "업무시간이 너무 길다, 일이 너무 많다"며 불평을 늘어놓기 일쑤였다.

하지만 윈트는 '조수를 붙여 달라'는 요구를 들어주지 않고도 그를 온전히 만족시켜주었다. 대체 어떻게 했을까? 방법은 간단했다. 윈트는 기계공에게 개인 사무실을 마련해주고 '서비스팀 매니저'라는 직함을 부여했다.

이제 그는 아무나 부르면 뛰어가야 하는 기계공이 아니었다. 한 팀의 매니저로 승격되었으니 더 많은 책임을 져야 하는 것도 당연했다. 그에겐 더 이상 회사에 불평하고 원망할 이유가 없었다.

❧ 나폴레옹은 1천 5백 명의 병사에게 레지옹 도뇌르 훈장을 수여했고, 18명의 장군에게 '프랑스 대원수'라는 직위를 수여했다. 그리고 스스로의 군대를 '불패의 부대'라고 일컬었다. 이에 사람들은 "유치하다", "장난감 따위를 수여하다니"라며 나폴레옹을 조롱했다. 그러자 나폴레옹은 이렇게 대답했다. "사실이다. 하지만 때론 장난감에 지배당하는 게 바로 인간이다."

너무 하찮은 일

1915년, 전 미국인을 충격에 몰아넣었던 바로 그 해였다. 당시 유럽 각국은 피비린내나는 대규모 살상전을 거듭하고 있었다. 유래를 찾아볼 수 없이 극심한 혼란에 빠진 전 세계에는 평화의 희망조차 찾아볼 수 없었다. 하지만 우드로 윌슨 대통령은 유럽의 군벌세력들과 협의하기 위해 평화사절단을 파견하기로 결심했다.

열렬한 평화주의자였던 국무장관 윌리엄 제닝스 브라이언은 당시 평화사절단의 임무를 맡고 싶어 했다. 자신의 이름을 역사에 남길 수 있는 절호의 기회가 아닌가.

하지만 윌슨 대통령은 국무장관의 절친한 친구였던 에드워드 하우스 대령에게 그 임무를 맡겼다. 하우스 대령은 뛸 듯이 기뻤지만 다른 한편으로는 불안감을 지울 수 없었다. 친구의 기분이 상하지 않도록 이 소식을 전하기란 결코 쉽지 않은 일이었다.

이에 하우스 대령은 다음과 같은 일기를 남겼다. "브라이언은 내가 평화특사로 임명되었다는 소식을 듣고 무척 실망하는 듯했다. 그는 자기가 이 일을 맡게 될 줄 알았다고 말했다. 그래서 난 '대통령께선 정부 고위관리가 이 일을 맡기엔 적절하지 않다고 생각하시네. 고위급 관리가 움직이면 사람들의 주목을 끌 테고, 이어 미국 국무장관이 여기에 왜 왔을까 궁금해 할 테니 말이네'라고 말해주었다."

하우스 대령은 평화특사 업무가 브라이언 국무장관이 맡기엔 너무 하찮은 일이라고 넌지시 말함으로써 브라이언의 기분을 풀어준 셈이었다.

❋ 브라이언은 어떻게 기분을 풀 수 있었을까? 하우스 대령은 미국의 국무장관이란 무척 중요한 직책이기에 평화특사 따위는 어울리지 않는다

고 암시했다. 이로써 브라이언은 기꺼이 그 상황을 받아들였다. 노련하고 현명했던 하우스 대령은 정치가로서의 탁월한 자질을 갖추고 있었던 셈이었다.

5

성공을 위해
달리도록 자극하라

서커스단에서 호랑이를 훈련시킬 때는 잘할 때마다 고기를 던져준다. 그렇다면 사람에게도 똑같은 원칙을 적용시킬 수 있지 않을까? 우리는 왜 고기 대신 채찍만 휘둘러대는 것일까? 왜 칭찬 대신 질책만 늘어놓는 것일까? 조그만 발전이라도 칭찬해주자. 칭찬의 힘은 위대하다.

단 한 번의 칭찬

수년 전 런던에 작가를 꿈꾸던 한 청년이 있었다. 하지만 그의 꿈은 현실과는 거리가 멀어보였다. 학교는 4년도 채 다니지 못했고, 아버지의 빚 때문에 감옥신세까지 졌으며 하루하루 굶주림의 고통에서 허덕이고 있었다.

그는 결국 쥐가 우글거리는 창고에서 구두약 상표를 붙이는 일자리를 구했다. 그리고 비좁은 다락방에서 런던 빈민가를 떠돌아다니는 부랑자들과 함께 살았다.

당시 그는 자신의 글재주에 도통 자신이 없었다. 그래서 사람들의 비웃음을 살까 두려워 한밤중에 몰래 원고를 발송하곤 했다. 하지만 번번이 퇴짜를 맞던 그에게 마침내 기쁜 소식이 전해졌다.

비록 원고료를 받지는 못했지만 처음으로 편집자로부터 호평을 받은 것이었다. 드디어 인정을 받은 셈이었다. 젊은이는 너무나 감격한 나머지 길거리로 뛰쳐나가 눈물을 흘렸다.

한 번의 칭찬이 이 청년의 인생을 뒤바꾸어놓았다. 만약 그 편집자의 격려를 받지 못했다면, 그는 여전히 쥐가 우글거리는 창고에서 영원히 꿈만 꾸었을지도 모른다. 이 청년이 누구인지 아는가? 영국 역사상 가장 위대한 문호였던 찰스 디킨스이다.

❀ 하버드대의 윌리엄 제임스 교수는 인간의 잠재성에 대해 이렇게 평했다. "우리는 인간의 잠재능력에 비추어 보아 고작 절반 정도 깨어있을 뿐

이다. 현재 우리가 사용하는 힘은 인간 잠재력의 극히 일부에 불과하다."

선생님의 편지

50여 년 전, 런던의 한 포목점에서 일하던 소년이 있었다. 그는 매일 아침 5시에 일어나 가게 문을 연 뒤, 하루에 14시간 동안이나 고된 노동에 시달렸다. 이렇게 2년이 지나자 더 이상 견딜 수가 없었던 소년은 아침밥도 먹지 않은 채 약 25킬로미터를 달려 어머니를 찾아갔다.

절망감에 휩싸인 그는 어머니 앞에서 통곡을 하며 그 포목점으로 다시 돌아가기 싫다고 울부짖었다. 다시 돌아가느니 차라리 죽고 싶은 생각뿐이었다.

벼랑 끝에 선 그는 모교의 선생님에게 더 이상 살고 싶지 않다며 장문의 편지를 보냈다.

하지만 선생님은 그의 경솔한 생각을 꾸짖기는커녕 "넌 똑똑하니 지금보다 더 나은 일을 할 수 있을 게다."라고 격려해주었다. 그러고는 어느 학교의 교사 자리를 소개해주었다.

선생님의 칭찬 덕분에 영국문학사에 길이 남을 한 사

람이 탄생하게 되었다. 이 소년은 후에 77권의 책을 저술했고 그 필력만으로 백만장자로 등극했다. 누구인지 짐작할 수 있겠는가? 바로 영국의 역사학자 웰스이다.

❀ 누구나 타고난 재능이 있다. 다만 그 재능을 찾아냈을 때는 성공을, 찾지 못했을 때는 실패를 맛볼 뿐이다. 그러니 어느 누구도 업신여기지 마라. 지금 그가 하는 일은 단지 그에게 어울리지 않을 뿐이다. 만약 제대로 된 방향을 찾아간다면 그 역시 무한한 능력을 발휘할 수 있으리라.

신입사원의 재능

캘리포니아 주 우드랜드 힐즈에 사는 키드 로퍼는 회사에서 '칭찬'의 원칙을 적용해보았다.

어느 날, 로퍼는 회사인쇄소에서 좀처럼 보기 힘든 우수한 인쇄제작물을 발견해냈다. 그런데 알고 보니, 그 제작물은 좀처럼 회사 일에 적응을 하지 못해 상급자의 골치를 썩이고 있던 한 신입사원이 제작한 것이었다. 상급자는 심지어 그를 해고하려고까지 했다.

이에 로퍼는 그 신입사원을 만나기 위해 직접 인쇄소로 찾아갔다.

"내가 얼마 전에 받아본 제작물, 정말 마음에 들었네. 우리 회사에서 가장 훌륭한 제품이라고 해도 과언이 아닐걸세."

그는 청년이 어떤 면에서 탁월하며 회사에 얼마나 중요한 인재인지를 구체적으로 말해주었다.

이런 솔직한 평가가 청년의 작업태도에 어떤 영향을 끼쳤을까? 그 날 이후, 청년은 성실하고 헌신적인 직원으로 변모했으며 줄곧 동료들에게 로퍼 씨는 내 작품을 알아봐준 사람이라고 자랑하곤 했다.

❀ 누구나 다른 사람들에게 인정받고 싶어 한다. 자, 이제 당신의 인생을 되돌아보라. 몇 마디의 칭찬으로 인생의 전환점을 맞이한 적이 있었던 가? 당신을 칭찬해준 사람을 평생 고마운 사람으로 기억하고 있지 않은 가? 이제는 당신이 그 사람의 역할을 맡을 차례이다.

재능을 알아본 친구

1922년 캘리포니아에 가난에 찌들어 살던 한 청년이 있었다. 매주 교회 성가대에서 노래를 불렀던 그는 간혹 결혼식장에서 노래를 불러주고 5달러가량을 받았다. 도저히 시내에서 살 형편이 못되었기에 시골 포도농장의 낡은 집을 세내어 살았다.

하지만 얼마 안 되는 집세조차 낼 능력이 없어 벌써 열 달째 월세가 밀려 있었다. 그는 하는 수 없이 집주인의 포도농장에서 일을 하며 집세를 갚아나갔다. 때로는 먹을 것이 없어 오로지 포도로만 끼니를 때우기도 했다.

생활고에 쪼들리다 못한 그는 결국 가수의 꿈을 포기하고 트럭을 팔아버릴 생각을 하게 되었다. 그때 마침 친구였던 루퍼트 휴스가 그의 재능을 칭찬해주었다.

"자네 목소리는 정말 훌륭해. 뉴욕에 가서 기회를 찾아보게."

당시 좌절에 빠져있던 젊은이는 친구의 칭찬으로 다시 한 번 용기를 낼 수 있었고, 이것이 일생일대의 변화를 가져왔다. 그 친구에게 2,500달러를 빌려 무작정 동부로 갔던 것이다. 결국 그는 이름만 들으면 알 수 있는 유명한 바리톤 가수가 되었다. 바로 로렌스 티베트였다.

❀ 또 다른 성악가 엔리코 카루소도 이와 비슷한 경험을 했다. 카루소의 음악 선생은 "네 목소리는 빗속에 들리는 바람 소리 같구나. 도무지 재능

이 없어."라고 신랄하게 비평했다. 하지만 카루소의 어머니는 아들의 재능을 칭찬하고 격려하며, 있는 돈을 다 내어 최고의 선생님을 찾아다녔다. 만약 이들에게 어머니와 휴스가 없었다면 두 천재의 재능도 사장되고 말았으리라. 칭찬과 격려에는 인생을 바꾸는 힘이 있다.

인생이 바뀐 마리

조제트 르블랑은 저서 《마테를링크와 함께한 내 인생》에서 어느 볼품없는 벨기에 여종이 변화해가는 모습을 이렇게 묘사했다.

"당시, 건너편 호텔에서 일하는 여종이 내게 식사를 날라주었다. 사람들은 그 아이를 '접시닦이 마리'라고 불렀는데 그건 그녀가 주방 허드렛일로 일을 시작했기 때문이었다. 마리는 사팔뜨기에다 다리도 휘어져있어 정말 볼품이 없었다. 게다가 그다지 똑똑한 편도 아니었다.

하루는 그 아이가 내 방에 왔을 때, 난 '마리, 넌 네 안에 어떤 보석이 감춰져있는지 모르는 것 같구나'라고 말해주었다. 마리는 혹시 무슨 야단이라도 맞는 줄 알고 미동도 않고 서 있었다.

그러고는 잠시 후 탁자 위에 접시를 내려놓더니 한숨

252

을 내쉬며 말했다. '사모님, 그런 생각은 감히 해본 적도 없었어요.'

마리는 아무런 의심이나 의문 없이 내 말을 곧이곧대로 믿은 채, 마음속 깊숙이 되뇌기 시작했다. 그 후로 난 마리가 점점 변해가는 모습을 볼 수 있었다. 사소한 칭찬 한 마디에 소녀의 마음은 활력으로 가득 찼다. 그녀는 스스로를 꾸미기 시작했고 점차 감춰져있던 젊음의 기운이 되살아났다.

두 달 후 그곳을 떠날 때쯤 반가운 소식이 들려왔다. 마리가 주방장의 조카와 결혼을 하게 되었다는 것이다! 그녀는 내게 '저도 부인처럼 될 거예요'라고 속삭이며 감사의 마음을 표했다. 몇 마디 말로 그녀의 인생이 완전히 뒤바뀐 셈이었다." 르블랑은 '접시닦이 마리'에게 좋은 평판을 주었고 이로써 마리는 그 평판을 지키기 위해 스스로를 단련했다. 그리고 그 결과, 그녀의 인생이 완전히 달라졌다.

❋ 옛말에 '개에게 목줄을 채우는 대신 좋은 이름으로 불러주어라'라는 말이 있다. 좋은 평판은 변화의 힘을 가져다준다. 그러니 도적에게 '성실

한 자'라는 믿음을, 사기꾼에게 '점잖은 신사'라는 호평을 해주어라. 그리하면 도적과 사기꾼조차도 그 평판을 지키기 위해 좋은 사람으로 거듭날 것이다.

좋은 하녀, 나쁜 하녀

뉴욕 스카스데일에 사는 어니스트 겐트 부인은 막 새로운 하녀를 고용할 참이었다. 겐트 부인은 하녀가 이전에 일했던 집에 전화를 걸어 새 하녀에 대한 이야기를 전해 들었다. 하지만 공교롭게도 이전의 고용주는 하녀에 대한 불만으로 가득했다.

새 하녀가 출근한 첫 날, 켄트부인은 이렇게 말했다.

"넬리, 예전에 네가 모시던 부인과 전화통화를 했단다. 네가 요리도 잘하고 아이들과도 잘 지낸다고 칭찬하시더구나. 그런데 방청소나 정리에 소홀하다는 말도 하셨단다. 내 생각엔 네가 그럴 아이로 보이진 않는데 말이다. 옷도 이렇게 깨끗하고 단정하게 입는 네가 방청소를 게을리할 리가 있겠니. 자, 우리 한번 잘 지내보자꾸나."

그 결과, 넬리는 겐트 부인의 기대를 저버리지 않기 위해 매일같이 방청소를 했다. 자신의 좋은 이미지를 망가

뜨리느니 차라리 더 열심히 일하기로 한 것이었다.

❀ 없는 미덕이라도 마치 갖고 있는 것처럼 행동하면 결국 생각대로 이루어지게 된다. 자, 이 원리를 타인에게도 적용해보라. 대개의 경우 그는 당신을 실망시키지 않기 위해 더욱 열심히 노력할 것이다.

탁월한 기술자

헨리 헨키는 인디애나 주의 어느 화물자동차 대리점에서 고객서비스를 담당하고 있었다. 그런데 한 직원이 일하는 폼이 영 신통찮아 도통 마음에 들지 않았다. 헨리는 그 직원을 불러 대화를 해보기로 마음먹었다.

"빌, 지난 몇 년간 아주 열심히 일해주었어. 자네가 얼마나 훌륭한 기술자인지 내 잘 알고 있다네. 게다가 고객들의 칭찬도 대단하더군. 그런데 요즘 들어 작업시간도 오래 걸리고, 업무량도 예전 같지가 않아. 자네처럼 탁월한 기술자가 웬일인지 모르겠네. 우리 어찌하면 좋을지 같이 한번 생각해 보세나."

그러자 빌은 "그 정도인 줄은 몰랐습니다. 하지만 이제부터 더 노력해보겠습니다."라고 대답했다. 그는 곧 예전처럼 탁월한 기술자로 되돌아갔다. 헨키의 호평에 힘을 얻은 직원은 자신의 긍정적인 평판을 지키기 위해 더욱 열심히 일했던 것이다.

❀ 사람들은 보통 자신의 능력을 인정받고 있다고 느끼면 이에 부응하기 위해 더욱 열심히 일하게 된다. 자신의 명성에 흠집을 내고 싶은 사람은 없기에 목숨을 걸고라도 최선을 다하는 것이다.

어여쁜 제자

뉴욕시 브루클린에서 4학년 담임을 맡고 있는 루스 홉킨스는 개학 첫날부터 걱정이 이만저만이 아니었다. 전교에서 말썽꾸러기로 소문난 토미가 자신의 반에 편성되었기 때문이다.

토미는 여학생을 놀리는 짓궂은 장난을 즐길 뿐 아니라 걸핏하면 싸움질을 해대기 일쑤였다. 게다가 선생님께 버릇없이 굴며 학급 분위기를 망쳐놓는 데도 일가견이 있었다. 토미의 유일한 장점은 바로 공부를 무척 잘한다는 점이었다.

홉킨스 선생은 '토미 문제'를 해결하기로 마음먹었다.

그리고 학생들과 처음 대면하는 자리에서 아이들에게 말을 건넸다.

"로즈, 옷이 참 예쁘구나."

"알리샤, 그림을 잘 그린다면서?"

학생들 한 명 한 명을 칭찬해주던 홉킨스 선생은 마침내 토미 차례가 되자 함빡 웃으며 말했다.

"토미, 네가 타고난 리더라는 소문이 있던데? 올해 우리 반을 4학년 최고 반으로 만들고 싶은데 좀 도와주지 않으련?"

이후 선생은 토미가 하는 일마다 칭찬을 아끼지 않았으며, 토미를 정말 착한 학생인 양 대해주었다. 그 결과, 토미는 말썽을 부리는 대신 홉킨스 선생의 가장 어여쁜 제자가 되었다.

❀ 아홉 살짜리 꼬마조차도 자신의 명예를 지키기 위해 애쓰는 법이다. 사람들은 보통 성공한 자에게 찬사를, 실패한 자에게는 비난을 쏟아내기 일쑤이다. 하지만 이러한 냉혹하고 매정한 말들이 실패자를 더욱 궁지로 몰아간다는 사실을 아는가? 현명한 이들은 성공한 자에게 겸손을 가르치기 위해 찬사의 말을 줄이는 대신, 실패자에게 더욱 많은 격려와 칭찬을 하는 법이다.

두 선생님의 차이

마흔 살까지 독신생활을 즐겼던 내 친구가 얼마 전 약혼을 했다. 그런데 그 약혼녀가 친구에게 춤을 배우라고 권유했다는 것이 아닌가.

"당시 내 춤 실력은 20여 년 전 춤을 처음 배울 때와 다를 바 없었다네. 첫 번째 선생은 한눈에 내 실력을 알아차렸지. 그리고 '지금까지 배운 건 다 잊어버리고 처음부터 다시 시작하세요'라고 말했다네. 물론 틀린 말은 아니었지만, 그 말을 듣는 순간 춤을 배우고 싶은 생각이 싹 사라졌어. 그래서 곧바로 그만두었다네.

그 다음번에 만난 선생은 무척 즐거운 목소리로 '리듬감이 있어서 금방 배우시겠네요'라고 말해줬어. 그 말이 진심은 아닐지 모르지만 어쨌든 기분이 좋았다네.

첫 번째 선생은 내 의욕을 꺾어놓은 데 반해, 두 번째 선생은 오히려 흥미를 불러일으켜 주었다네. 계속 칭찬해주면서 자신감을 북돋아주었고… 그녀는 심지어 '타고난 댄서이시네요', '리듬감이 참 좋습니다'라고까지 말하는 거야. 물론 나도 내가 형편없다는 건 알고 있었지만 점차 '그게 사실일지도 모르겠다'는 생각이 드는 거야. 그리고 리듬감이 좋다는 칭찬을 들은 이후로 춤 실력이 점점 나아졌다네. 전보다 훨씬 열심히 하게 되었거든."

🌸 상대가 아무리 큰 잘못을 저지르더라도 비난하거나 질책하지 마라. 대신 아주 작은 진전이라도 칭찬해주어라. 그리하면 상대는 완전히 새로운 발전을 보여줄 것이다.

한 여인의 칭찬

'브리지 게임'이라 하면, 난 일리 컬버트슨이란 사람이 떠오른다. 사실 브리지 게임에 관심이 있는 사람이라면 그 이름을 모르는 사람은 없을 것이다. 그가 쓴 브리지 게임 관련 서적은 전 세계 12종류의 언어로 번역되어 수백만부가 팔려나갔다.

하지만 이런 그도 "내 재능을 칭찬해준 젊은 여인이 없었더라면 결코 브리지 게임을 즐길 수 없었을 거요."라고 말했다.

1922년에 미국에 정착한 그는 철학이나 사회학 분야의 일을 찾고 싶었지만 현실은 그리 녹록치 않았다. 결국

하는 수 없이 석탄판매업을 시작했으나 그마저도 실패로 끝나고 말았다. 이어 개점한 커피판매점도 곧바로 문을 닫았다. 당시 그는 브리지게임을 업으로 삼겠다는 생각은 한 적도 없었다. 카드놀이에 서툴렀기에 보통 사람들과 게임을 해도 도저히 승산이 없었다. 이런 그가 어떻게 브리지 게임 전문가가 되겠다고 결심했을까?

바로 조세핀 딜론이라는 예쁜 게임 선생을 만나면서부터였다. 당시 조세핀은 일리가 자신의 패와 게임의 확률을 세심히 분석하는 것을 알아차리고 "당신은 게임에 재능이 있어요."라고 격려해주었다. 그 후, 조세핀은 일리와 결혼했고 그가 최고의 브리지 게임전문가가 되도록 도와주었다.

❦ 당신의 자녀나 배우자 혹은 직원에게 "멍청하기 그지없군. 재능도 없고 말이야. 완전히 엉망이야."라고 말한다면 그들의 개선 의지를 완전히 꺾어놓는 것과 다름없다. 그러니 이와 반대로 더욱 칭찬해주고 격려해주어라. 단지 재능을 발휘할 기회가 없었을 뿐이라고 자신감을 북돋아주어라. 그리하면 그들은 최선을 다해 좋은 성과를 보여줄 것이다.

6

부족한 점은
쉽게 고칠 수 있다

상대가 기꺼이 당신을 위해 일하도록 하려면, 그가 당신에게 얼마나 중요한 존재인지 그리고 업무 자체가 그 자신에게도 도움이 되는 것임을 분명히 알게 해주어라.

부탁의 편지

젊은 프랭클린은 저축한 모든 돈을 작은 인쇄공장에 투자해놓은 터였다. 때문에 필라델피아 의회 서기로 당선이 되면, 공적 인쇄 업무를 이 공장에 수주하여 투자액을 불릴 수 있었다. 무척 군침 도는 유혹이 아닌가! 그런데 프랭클린이 의회 서기가 되는 데는 한 가지 장애물이 있었다.

바로 의회 내에서 가장 부유하고 권력 있는 의원이 프랭클린을 싫어하는 것이었다. 그는 심지어 공개석상에서 프랭클린을 비판하기도 했다. 이는 프랭클린에게 무척 불리한 조건이었기에 그는 의원의 호감을 얻어내기로 결심했다. 하지만 상황은 그리 간단하지 않았다. 어떻게 해야 할까? 몰래 그를 도와줄까? 아니다, 그런 방법으로는 의원의 의심만 살 뿐이었다.

현명한 프랭클린은 그를 돕기보다 그에게서 도움을 청했다. 그는 의원의 허영심을 충족시켜줄 수 있는 방법을 선택했다. 의원의 지성과 배려심을 칭찬할 수 있는 기회를 만든 것이었다.

"듣자하니 그 의원은 희귀한 장서를 소장하고 있다고 했습니다. 그래서 그에게 '소장하고 있는 장서를 며칠간만 좀 빌려 주십시오'라고 편지를 썼지요. 그는 곧 사람을 시켜 책을 보내 주었고, 일주일 후 전 편지 한통을 동봉하여 책을 돌려드렸습니다. 편지에는 '바쁘신 와중에도 도움을 주셔서 감사합니다'라고 썼지요.

이후 의회에서 우연히 마주쳤을 때, 그는 내게 무척 친절하게 인사를 건넸습니다. 예전에는 한 번도 없었던 일이었지요. 그리고 필요하다면 언제든 도움을 청하라며 선심을 베풀어 주었습니다. 그 후로, 우린 그가 세상을 떠날 때까지 좋은 친구로 지냈습니다.”

❦ 위의 진실을 더욱 극명히 드러내는 이야기가 있다. 히틀러의 압제 아래 고통 받던 어느 부유한 유태인이 줄곧 도움을 줘왔던 독일인 은행가에게 도움을 청했으나 거절당하고 말았다. 하지만 이 은행가는 부유한 유태인 대신 그동안 자신이 돌봐왔던 가난한 유태인 가족을 구해주었다. 그렇다. 절박한 순간에 도움을 주는 사람은 평소 당신이 애써 돌봐주었던 사람이 아니다. 바로 당신을 도와주었던 사람인 것이다. 이것이 잊지 말아야 할 ‘도움의 심리학’이다.

유쾌한 거절

내 지인 중 밀려드는 강연 요청을 거절하기에도 바쁜 친구가 있다. 대개는 아는 친구들이 강연을 요청하는 때가 많은데, 신기하게도 이들의 우정은 언제나 변함없이 유지된다. 그는 거절을 하면서도 상대를 기분 좋게 하는 재주가 있기 때문이다.

과연 어떻게 하는 것일까? 너무 바쁘다거나 이런저런 이유가 있어서라고 말할까? 아니, 절대로 그렇지 않다.

그는 먼저 초청해준 친구에게 감사의 인사를 전한 뒤, 부득이한 사정으로 어쩔 수 없이 참여할 수 없다고 말한다. 그리고 그 강연에 적합한 다른 인사를 추천해주는 것이다. 이렇게 하면, 상대는 실망감보다는 또 다른 가능성에 집중하게 된다. 그가 추천인을 제안하는 방식은 이렇다.

"〈브루클린 이글〉지의 편집장으로 있는 클리브랜드 로저스를 강연에 초청하면 어떨까요? 아니면 가이 히콕이 적당할까요? 15년 동안이나 파리에서 유럽특파원으로 주재했었기 때문에 이야깃거리가 많을 것 같은데요. 인도에서 사냥에 관한 영화를 제작했었던 롱펠로는 어떨까요?"

❁ 보통의 경우에 거절당하면 화가 나거나 원망이 쌓이기 마련이다. 그러니 완곡한 어조로 상대의 체면을 세워주면서 또 다른 선택 사항을 제시하는 것이 중요하다. 나보다 훨씬 나은 적격자가 있음을 알려주는 것이다. 그러면 상대는 당신의 거절에 상처받기보다 새로운 가능성에 눈을 돌리게 된다.